你的
宇宙訂單
已到貨！

小魔女九粒
的顯化養成指南

九粒 Jolie ——著

前言

在著筆前,我跟宇宙說:「宇宙,請給我多一點靈感來寫這本書吧!」

為了做好萬全的準備,再配上我那嚇死人不償命的完美主義,我一直跟自己說:「不行,This book has to be perfect. 我一定要完全地準備好,才可以開始寫。」

所以就一直拖拖拖,但越拖越怕,腦中更是開始出現各種懷疑自己的聲音:「妳出書會有人看嗎?」「妳誰啊?憑什麼寫書?」「妳文筆這麼差,出書會被笑死吧?」

欸,不是!凡事都有第一次!更何況人生永遠沒有準備好的時候,與其在這邊懷疑人生,不如邊寫邊懷疑……沒有啦~~我是說我們都有選擇權,可以選擇對自己超派,像我前面那樣帶著不公平去批判自己,又或是選擇給自己機會,去嘗試、去體驗、去學習。

因為:

「NEVER TRY, NEVER KNOW.」

(你不嘗試,就不會知道結果。)

永遠不要妄下定論說:「哎,我一定會失敗的啦!」請問你是仙姑嗎?如果不是,你怎麼敢這麼確定結果一定會失敗?

憑什麼認為你注定不會成功呢？

而且為什麼要定義失敗為失敗？我們不就是因為有了這些失敗才變得更厲害嗎？所以失敗根本不可怕，可怕的是你跟自己說的那些鬼話！

你可能會問我：「顯化的步驟是什麼？該怎麼做才能顯化？」這樣問的背後，其實是一個信念：你相信顯化就跟數學一樣，必須有正確的公式、標準答案，而且每個步驟都不能出錯，才會顯化成功。聽起來是不是超荒謬，又讓人壓力山大？如果真的這麼想，那顯化的過程裡，你其實是帶著恐懼的能量，每一步都在懷疑：「我這樣做對了嗎？」這不是顯化的初衷啊！所以，顯化其實沒有什麼固定的步驟，因為我們無時無刻不在根據我們的核心能量創造現實。

顯化的關鍵在於覺察並調整自己的能量頻率，讓內在信念和情感與想要達成的目標能量一致。

與其說是步驟，不如說是修煉的過程吧！成長所經歷的過程，沒有對錯，麥勾自己嚇自己了，好嗎？

那我們就開始這段修煉之旅囉！

顯化小魔女／男修煉之旅同意書

親愛的小魔女／男：

　　恭喜你即將踏上這段神奇的顯化旅程！在這本《你的宇宙訂單已到貨！小魔女九粒的顯化養成指南》的引導下，你將學會如何透過自己的力量顯化你的夢想，成為更閃耀的自己。為了讓這段旅程更有魔力和成就感，我們要來點小小儀式──與自己訂立一份充滿力量的契約。

　　請在此同意書上寫下你的名字，並在心中默念這段誓言：

　　我：＿＿＿＿＿＿＿＿＿＿＿＿＿＿＿＿＿＿＿＿＿

　　願意給自己一個機會，嘗試書中的修煉／顯化魔法。

　　我願意相信自己值得擁有更好的生活，並且願意開始改變自己的想法、言語和行為。我承諾，我將以開放的心態和堅定的信念，開啟這段充滿魔法的蛻變旅程。我將珍惜每一步的學習與成長，並相信我有能力為自己創造奇蹟。

寫下你的名字後,
輕輕閉上眼睛,深吸一口氣,
感受內心的能量和期待。

當你睜開眼睛時,
恭喜你!你已經踏上了這段神奇的旅程,
準備好迎接超不可思議的蛻變吧!

哇哈哈!

Love & Gratitude,

顯化小魔女 九粒 Jolie

目錄

前言　　002
顯化小魔女／男修煉之旅同意書　　004

啟程
宇宙：「你準備好了嗎？顯化之旅開始囉！」

顯化小魔女的誕生　　012
藍色羽毛實驗　　018

旅程一：找出你的心願
宇宙：「願望清單寫得不清不楚，我要怎麼送你禮物？」

揭開內心渴望的五大神奇提問　　022
釐清顯化清單：讓宇宙 Get 到你！　　024
調整顯化菜單：一步步打造你的顯化肌肉　　027
打破迷茫，勇敢下單！　　030
從不想要到想要：找到顯化清單的祕訣　　036
如何找到屬於你的天下　　037
想像力是你的超能力　　041
宇宙點餐時間：感恩先行，能量買單　　042
原來宇宙是這樣交易的！　　047
訂單能量法則：別急，越 Chill 越靈！　　049

旅程二：扮演未來的你

宇宙：「旋轉跳躍，進入你的未來世界！」

掌握大腦濾網，變身顯化小魔女／男	056
「Become」揭示顯化的祕密	058
想遇到白馬王子？先提升你的 Level！	060
自我概念一轉變，人生全改變！	061
小魔女的每日幸運配方	068
自我價值就像粉紅鑽石，只有懂的人才配擁有	070
調整你的能量頻道，轉臺迎接豐盛時空！	073
顯化魔法全攻略	076
・你是哪種顯化者？	077
・客製化顯化	080
・「恭喜你」顯化魔法	081
・17 秒顯化魔法	083
・夢想顯化桌布魔法	085
・全方位感官視覺化魔法	089
・回憶錄魔法	093
・情書魔法	096
・身體顯化魔法	100
・音樂顯化魔法	101
・顯化成功的你會怎麼做？	103

旅程三：整理內在空間

宇宙：「你這裡這麼亂，我連門都打不開！」

為什麼一直吸引到不想要的東西？	106
不願改變的真相：因為你有太多好處可以拿！	109
拿掉你的所有定義	111
你的信念正在控制你的顯化	115
科學視角解密：信念真的能創造現實！	120
真想要還是不敢要？揭開不敢看見的祕密	124
透過嫉妒找到方向	126
小我與高我：恐懼的放大鏡 vs. 智慧的望遠鏡	129
你的認知／信念＝你的現實	132
找到限制你信念的「牆」	134
如何打掉你的限制牆	140
找出罪魁禍首！	147
正視負能量，讓顯化更順暢！	148
別再等「你沒有的」，幸福快樂是現在的選擇！	153
改變視角魔法	155
放下擔心魔法	157
改變言語魔法	158
情緒釋放技巧（敲打法）AKA 情緒針灸	160

旅程四：視挑戰為顯化之母

宇宙：「我給你的挑戰是為了幫你調頻、升級，還有引導你走上正確的路，懂嗎！」

別把問題當問題，把它當成是升級！	166
重新定義失敗	169
舊的不去，新的不來！	170
共時的發生＝宇宙的訊息	172
解鎖顯化過關金手指	176
顯化小魔女的避雷指南	181

旅程五：放下控制，享受旅程

宇宙：「別再問我什麼時候啦！放心放輕鬆！相信專業好嗎？」

條條道路通羅馬	192
放下控制	194
放下法則	196
你的堅持會成為你的限制	198
麥勾限制你的顯化啦！	200
不管發生什麼事，都是好事！	202
這碗感到滿足，才有更好的下一碗	205
當你越 Relaxed，高我越出現！	207
關掉你的飛航模式	210

旅程六：適時充電，調整能量
宇宙：「感恩的心，就是顯化成功的祕密武器！」

如何知道自己是否在顯化正軌上	216
用情緒指南針檢視你的能量頻率	218
透過自己的聲音，覺察情緒能量	222
如何轉換能量	224
提升顯化魔力的金手指	228
檢查能量是否對等	228
斷捨離，騰出更多可能性	231
調整能量魔法	237
・自我疼惜魔法	237
・原始人感激魔法	241
・擬人化感激魔法	242
・相簿加油魔法	244
・54321 靜心法	245
・冥想魔法	247
顯化之路就像開車	249
致謝	252

啟程

宇宙：「你準備好了嗎？顯化之旅開始囉！」

顯化小魔女的誕生

　　2017年，我的人生進入了全黑模式，簡直像卡到陰一樣倒楣。當時剛拿到美國演員實習簽證，本來天真地以為可以在Hollywood闖出名堂，結果現實直接給了我一巴掌。由於簽證的限制讓我試鏡之餘還得打工求生──服務生、打掃工、背景演員、直播主、翻譯、保母，這些工作樣樣都沒少。

　　錢包比臉皮還薄，薄到我厚著臉皮跟經紀公司的老闆求助，結果她竟然回我說：「以妳這樣的資質，賣卵子可以賺到很多錢，我可以幫妳介紹喔！」

　　這時候遠距離的前男友也沒在客氣，他說：「妳每天這樣哭，我都快得憂鬱症了。」

　　更慘的是，當時朋友介紹了兩位經紀人給我，結果她誤會我在跟其中一位經紀人簽約後，還跟第二位經紀人有合約上的私下合作，認為我背叛了她。其實我只是去幫忙管理這位經紀人的Airbnb跟打掃賺錢，但她卻打電話狠狠地罵了我一頓，說我背叛她，導致我壓抑已久的情緒徹底爆炸。

　　在那次通話後，情緒低落到無法自拔。我知道自己不對勁了，最後還把自己送進了精神病院，果然不出所料，真的被診斷為憂鬱症。醫生建議我住院，但一聽到住院費，瞬間覺得「我好了」，畢竟窮人哪來的錢治療憂鬱症呢？

後來冷靜地思考了一下，沒錢一定有沒錢的辦法，既然不能找醫生治療，那我就自己治療自己吧！

過沒多久，有個朋友介紹我看《祕密》這部紀錄片，很篤定地說：「這部片一定會改變妳的人生！」我帶著半信半疑的態度看完，想說：「真的有這麼神奇嗎？反正免錢，我也沒有什麼好損失的！好吧！就姑且相信裡面的吸引力法則吧！」

於是我每天開始做感激和冥想練習，不再跟自己說：「我真的是這世界上最衰的人。」

變成無時無刻不對自己說：「I'm so lucky.」（我是幸運的。）「Everything is always working out for me.」（所有的發生，都是對我有利的發生！）

最後，竟然在不靠藥物的狀態下，不到半年的時間，找回原本樂觀開朗的九粒。我見證到了什麼是「Anything is possible.」還有每個人真的都有能力改變自己的人生。

這本書的誕生，也是最神奇的顯化奇蹟。

2024 年 4 月 10 日，我坐在馬桶上看著書，突然心中有個念頭：「Hmm……要是我寫一本顯化相關的書，不知道會不會有人看？」到了凌晨 1 點 11 分，心中熊熊感應到一個訊息：**「A big opportunity I've been manifesting is coming. And I'm so excited about it!」**下圖就是我當時接收到訊息後，馬上打下來的截圖證明。

啟程

> **1:11**
> I have a strong feeling that a big opportunity I've been manifesting is coming.
> And I'm so excited about it!
> Dear universe, show me how good it gets.
> Thank you so much for the abundance and love.
> Ilysm!

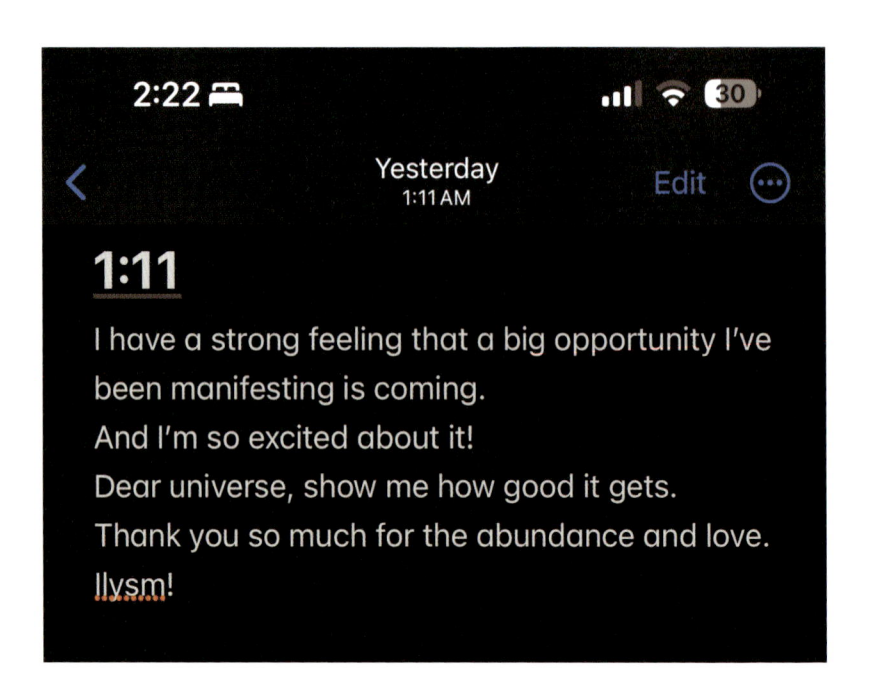

　　結果就在 4 月 11 日當天早上 11 點 21 分（11 月 21 日是我的生日），竟然收到我最崇拜的出版社——「方智出版社 AKA 吸引力法則書的天花板」的出書邀約！

　　當時坐在車上準備去拍業配廣告，激動到全車都被我的尖叫聲嚇到，還記得當時朋友說：「天啊！妳顯化小魔女真的不是叫假的欸！太屌了吧⋯⋯」

　　每次顯化成功時，都會覺得：「只要你覺得可能，沒有什麼不可能。」

顯化到底是什麼？

你可能會問：「什麼是顯化？」

先來英文教學一下，顯化的英文是：「Manifest」，中譯是：展現、顯現、出現。也就是俗稱的「心想事成」——**當想法、願望、目標轉化為現實的過程。**

我會在後面的章節解釋，為什麼很多時候會事與願違，甚至覺得心想事成根本是個屁。那是因為顯化不只是心想事成而已，而是心Ｘ事成（先賣個關子讓你心癢癢，哈）。

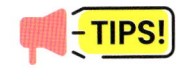

> **TIPS!** 顯化同時也意味著當你堅信（不只是表意識哦！而是打從心底、全身骨子裡、潛意識裡的相信）自己能實現某件事，並將所有的思想及能量集中在這個方向上，進而將其變成現實。

接下來，你會在書中看到兩種不同形式的顯化：名詞和動詞。名詞的顯化，是指你想要實現的具體目標（也就是你想顯化的東西）；動詞的顯化，則是指把這些目標從想法轉變為現實的過程。

顯化是真的嗎？

很多人認為顯化是假的，因為如果真的這麼厲害，大家都會是億萬富翁了吧！

不不不，顯化不是純粹只有好的而已！我們有能力顯化到好的人事物，就代表我們同時也有能力顯化到不好的人事物！完全是同樣的過程，只是**根據自身的能量／信念，會顯化到相對應的人事物。**

那有什麼證據可以間接證實顯化的真實性呢？就拿安慰劑效應來解釋好了！安慰劑效應就像大腦的魔法一樣，當你相信一顆沒有藥效的糖丸能治病時，身體還真的會感覺好轉。這不是因為糖丸有魔力，而是因為你的信念讓大腦幫助身體自我修復，所以透過安慰劑效應，我們可以看見信念的力量以及它是如何影響你的經歷。

再來，我們的大腦裡有個超神奇的機制，叫做「**大腦濾網**」（Reticular Activating System, RAS）。它就像大腦的演算法，會自動過濾出你常關注或相信的資訊。換句話說，當你相信某件事時，RAS 會讓你更容易注意到與這個信念相關的訊息，你就更有機會實現這個信念。這也間接證明了顯化的真實性，因為當你專注於某個目標時，大腦會幫助你找到更多實現它的機會。在後面的章節裡，我會細聊這個神奇機制，以及如何利用它來實現願望。

也希望大家思考一下這個問題：

「如果這個相信對我有益無害，Why not give it a try？」

何時可以做顯化？

常常有人問我：「什麼時候可以做顯化？」其實我們**無時無刻不在顯化哦！**

愛因斯坦曾說過：「一切都是能量，這就是真相。對焦在你想要創造的實相的頻率，現實必然顯化。這不是哲學，這是物理。」

你肯定有過這樣的經歷：在回家的路上熊熊想吃葡萄，結果到家就發現媽媽已經準備好葡萄在桌上了。親愛的，這就是顯化啊！

我們隨時隨地都根據自己的能量頻率跟信念在做顯化。希望你能透過這本書重啟你與生俱來的創造力，徹底喚醒隱藏在你內心深處的顯化小魔女／男！

藍色羽毛實驗

在旅程開始前,我想邀請你做一個實驗,幫助你相信**想像力是你的超能力**。當專注於特定事物時,吸引力法則會幫助我們顯化它。這個實驗叫做「藍色羽毛實驗」,來自美國知名作家理查・巴哈的《夢幻飛行》(*Illusions*)。

作者理查的朋友唐跟他說:「**To bring anything into your life, imagine that it's already there.**」(想要把任何東西帶進你的生活中,先想像它已經存在。)為了證實這句話,唐邀請理查先想像一個小東西,於是他選了藍色羽毛。接著唐開始引導他做想像練習:「閉上眼睛,想像這個藍色羽毛,它的每一條線,每一個邊緣,它尖尖的地方,每一個 V 型的裂口,還有周圍毛茸茸的毛。大概想像個一分鐘,接著把這個藍色羽毛用金色的光包圍著。這是一種療癒的方式,讓它變得更真實,同時也能幫助我們吸引到它。完成後,就可以睜開眼睛。」沒想到當天晚上,理查就在一個牛奶包裝上看到藍色羽毛。

請發揮實驗家的精神,試試看這個神奇的實驗吧!

1. **選擇一個平常不太會看到的物品**:例如藍色羽毛、紅色帽子、粉色皮帶等。
2. **視覺化想像**:閉上眼睛,將這個物品栩栩如生地想像在腦袋裡。它的形狀、大小、顏色、材質等,越詳細越好。

3. **包圍金色的光**：想像這個物品被金色光包圍著。
4. **放下想像**：完成視覺化後，就放下這個畫面，讓自己放輕鬆。別試著去尋找它，耐心等待它的出現。

我曾邀請過我的伴侶做這個實驗，當時的他對顯化也是半信半疑。他選擇的物品是：紅色楓葉。他說：「現在春天，應該不太可能看到紅色楓葉吧？」

我說：「你就耐心等著看吧！」一個禮拜後，我們在逛Costco的食物區時，他突然大喊：「Baby! 紅色楓葉欸！」那個紅色楓葉就出現在 Kirkland 的楓糖漿瓶上。每個人的顯化速度都不一樣，但它**不是不到，只是時候未到**。而且你也沒啥好損失的，就大膽地嘗試看看吧！

What you think about, you bring about.
你所思考的，就是你吸引來的。

旅程一

找出你的心願

宇宙：「願望清單寫得不清不楚，我要怎麼送你禮物？」

揭開內心渴望的五大神奇提問

試著透過回答下列問題，找出自己真正的想要：

1. 你小時候曾有哪些夢想，至今仍讓你心動不已呢？
2. 你在做什麼事情時，會感到時間飛快？
3. 如果任何事都有可能，你想做什麼？
4. 如果錢不是問題，也沒有人會對你說三道四，且任何壞事都不會發生在你和你身邊的人身上，你會想做什麼？
5. 如果你的人生只剩一個月，在死前你想要體驗什麼？
（寫下你的人生清單）

　　我童年的夢想就是當歌手跟演員，直到 19 歲去紐約參加一個叫做 IMTA 模特兒和藝人的國際選拔，一位對我有興趣的經紀人問我：「妳為什麼想要當演員？」當時直覺地回答出從來沒有想過的答案：「我希望可以透過表演帶給這個世界快樂。」經紀人好奇問道：「為什麼妳這麼渴望帶給世界快樂？」

　　我說：「因為小時候媽媽得了憂鬱症，我每天都會嘗試用不同的方式逗她開心，卻從來都沒見過她真正笑過。直到念三年級的時候，我模仿一部喜劇中的老阿嬤，媽媽竟然笑到流眼淚，那

What's desired by you is destined for you.
你的渴望,正是未來的你已經擁有的指引。

是人生中第一次看到媽媽開懷大笑的模樣,當時我就跟自己說:「我一定要讓更多不快樂的人,透過我的力量重拾笑容。」

雖然我現在並不是完全專注在當時設定的演員的身分,但卻走出了自己最獨特的路,做到了帶給世界快樂的使命。回過頭來看才領悟到,**原來所有的經驗都是宇宙在幫助我釐清自己渴望的方向。**這些渴望都是未來的我給我的指引,帶領我走向真正屬於自己的道路。

釐清顯化清單：讓宇宙 Get 到你！

> 你要啥呢？

> 一塊錢是什麼意思？

> 這也是錢啊沒說清楚也怪我？

其實釐清顯化清單，就是我們從小常在做的：設定明確目標。它就跟爬山一樣，要是不知道山頂（目標）在哪裡，我們就

會霧颯颯地迷路在其中。可是當你知道山頂在哪裡和風景有多美麗，就會更有方向跟動力地勇往直前，對吧？

你一定常常說：「我要賺大錢！」可是有具體想過要賺多少錢嗎？多少錢才算是大錢？你可能會回答：「越多越好！」但每個人對多的定義都不同。有些人覺得一千塊很多，有些人覺得一萬塊很多，有些人覺得一百萬才叫多。

向宇宙下訂單就跟在網路上買衣服一樣，你會仔細挑選自己喜歡的款式、適合的尺寸、顏色等。如果連自己都選不出來，店家根本不可能出貨給你，不是嗎？要是連你都搞不清楚自己到底要什麼，又怎能奢求宇宙 Get 到呢？

所以，首先要做的就是**釐清自己到底想要什麼**。

不是問爸媽、伴侶或好友，請你好好問自己：「**假如現在有一支可以實現任何願望的魔法棒，你想要什麼？**」不要去想別人的渴望，而是自己的渴望。我們從小常常聽到成功就是要有車、有房、有伴侶，很容易就被洗腦，覺得這就是我應該想要的，而忽略掉自己內心真正的渴望。

我曾經是一個超級徹底的渣男磁鐵，還記得以前在跟朋友們討論彼此的菜，我很自信地說：「我好像沒有特定的菜欸。」沒想到他們異口同聲地說：「屁啦！妳有好不好！妳就是喜歡渣男菜！」當時瞬間醒悟：「我的媽啊！我好像真的是渣男磁鐵欸……」

更可怕的是我相信了這個標籤，導致我的信念成為了：「我

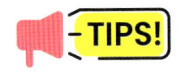

只會吸引到渣男。」結果我的信念就繼續一一顯化。

> **TIPS！** 請務必務必要注意自己常常說的話，
> 那些話語帶有很強大的威力跟魔法。

　　直到後來接觸到吸引力法則跟顯化，才慢慢去調整自己的信念，改變潛意識的相信，把原本對我不好的信念轉換成我想要顯化的信念。

　　像是：「我是值得被愛且好好對待。我值得擁有一段健康美好的愛情。我值得擁有一個專情、體貼、成熟的伴侶。」於是我的愛情生活開始有了巨大的改變，開始發現自己吸引到的對象，突然間從惡魔變成了天使。

　　最特別的是這些天使對象，幾乎都不是我以前的菜，但這些對象卻讓我體驗到原來自己是如此值得被愛。以前大家常常說要找「高、富、帥」，這可能也漸漸成了莫名且不合理的標準跟堅持，但**「你的堅持很有可能會成為你的限制」**。我以前過度專注在外表，卻忽略真正重要的是一個人的內在和相處起來的感覺。我領悟到：「原來我們自以為喜歡的菜，可能根本不是適合我們的菜。」

　　因為這些「以為」都是來自社會灌輸的錯誤期待，而不是

來自你的內心。如果你想要顯化的是一個好的伴侶，請不要過度專注在他的外表，而是他的人格特質和相處時的氛圍。

我希望你花點時間，好好地問內心的自己：「**怎麼樣的人生會讓『你』最喜歡、最快樂、最享受呢？**」

調整顯化菜單：一步步打造你的顯化肌肉

當寫下你想要的顯化時，如果心中有出現任何聲音說：「屁啦！」「怎麼可能！」「你在做夢吧？」或是當你看到目標，身體就出現緊繃的狀態，這些都是內心潛在的抵抗或懷疑在作祟。這時候，請務必調整你的顯化。這就跟健身一樣。如果從來沒有健身過，教練要是一開始就要你扛一百公斤的啞鈴，你絕對連拿都拿不起來，你也可能再也不會上這個瘋子教練的課。

如果要你一下子從月收入三萬，相信自己可以顯化年收百萬，內心可能馬上就會出現「不可能」這三個字，因為你覺得這太遙不可及了。這時候，就要來調整你的「顯化菜單」，訓練和增強顯化肌肉。就像健身時，會依照自身狀況選擇最適合自己的啞鈴一樣。首先，把最終想要顯化的目標當作最重的啞鈴（例如年收百萬）。但如果一開始就嘗試舉最重的啞鈴，你可能會覺得太困難，甚至有點癡人說夢。

因此，我們要從較輕的啞鈴開始，這相當於你目前的狀況（例如年收三十六萬）。接著，選擇有挑戰性，同時也相信自己可以達成的目標，這些目標就像是中等重量的啞鈴。隨著逐步達成這些目標，你的顯化肌肉會越來越強大，信心也會逐漸增強。

畢竟，顯化的過程就是將你的相信轉化為現實。當開始累積成功的證據和自信時，就會更有動力去挑戰更重的啞鈴，最終實現你的目標。

> **TIPS！** 要怎麼知道顯化目標是否最適合當下的你呢？當你將目標調整到，看到它時心裡是充滿「這絕對是可能的！」的感覺時，或感受到身體的放鬆、自信，那麼這就是此刻最適合你的顯化目標。

一定要打開你的信念系統，這是什麼意思呢？不管你知不知道顯化這個詞，從我們出生、會呼吸開始，每一個人都根據自身的能量、信念在做顯化。如果你一直維持以前的信念系統，人生就會一直維持現狀。

想要顯化不一樣的人生，那麼這個擁有不一樣人生的自己，肯定會有不同的信念系統支持著。打開信念系統其實沒有聽起來這麼困難，我們只需要先選擇一個自己相信做得到，但還沒

有顯化過的目標。簡單來說，就是去打開且看見自己的可能性。我會在〈旅程三〉跟大家分享如何改變信念系統。

> **TIPS!** 提升顯化肌肉小撇步：先從相信自己做得到的目標開始，才能有效地增加自信肌肉！
> 問自己：我相信自己可以顯化到現在訂下的目標嗎？如果答案是不，趕快調整你的顯化菜單！

打破迷茫，勇敢下單！

吸引力法則的權威亞伯拉罕・希克斯說：「**如果不知道要什麼，那是因為你不允許自己去想像自己的願望。**」

小時候，你可能常常會告訴自己：「我想要這個，但是⋯⋯我想要那個，但是⋯⋯」於是習慣性地拒絕自己的渴望，久而久之，連想都不敢想。是時候放下這些限制，勇敢去追求真正渴望的東西了！休想跟我說：「我不知道要顯化什麼欸⋯⋯」

我一直相信，人生沒有真正的「不知道」。我們的內心深處其實早有答案，只是外在壓力或恐懼讓我們「裝作不知道」。迷茫只是一種選擇，用來避免探索和承認內心的渴望，因為不去嘗試，就不會失敗，不用承擔後果。但如果你一直停留在這個看似「安全」的迷茫裡，怎麼能顯化出夢想中的人生呢？要過理想的生活，就得勇敢去探索人生的每一個面向。第一步很簡單，那就是：打破迷茫，勇敢下單！

下單的步驟：
1. 好好想想在每個領域裡面，你分別想要顯化什麼？
2. 在這些領域裡面實現什麼會讓我覺得很成功、感到心滿意足？
3. 如果在這些領域裡以 0 到 10 評分，現在每個領域會得幾分？

4. 在這些領域裡實現什麼，會讓它們的分數變滿分？

　　下列就事業、財務、愛情、健康、人際關係、個人成長／願望六個項目舉例，建議你在願望後面加上感受或收穫，讓畫面更立體、更真實。

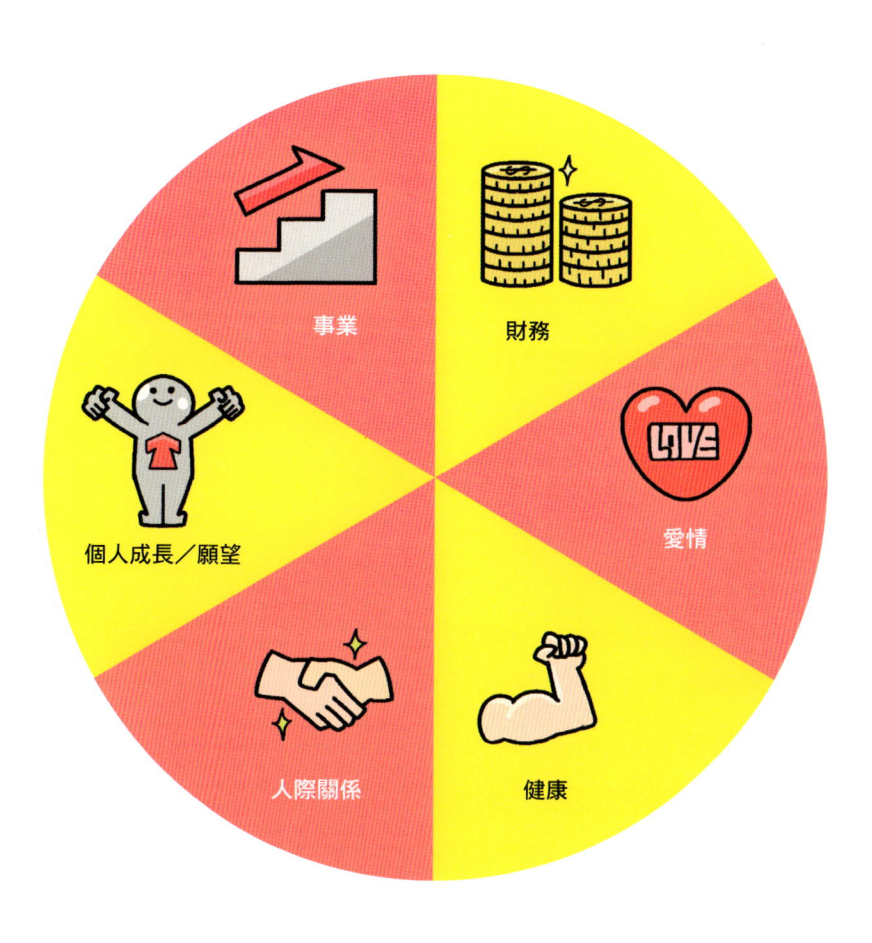

事業
1. 順利獲得升遷,感受到自信與成就。
2. 找到理想的新工作,擁有滿足感與財務自由。
3. 成功完成職業轉換,感到新鮮和有成長的機會。
4. 成功經營自己的事業,體驗自主和實現夢想的快樂。
5. 與同事建立融洽的合作關係,工作輕鬆愉快,充滿支持感。

財務
1. 每月穩定收入突破 X 萬,感受財務自由的輕鬆與安心。
2. 存款突破八位數,讓我有足夠的資金投資未來的夢想和計畫。
3. 購買夢想中的房子,感受到安全感與歸屬,擁有穩定的生活空間。
4. 投資理財每年穩定回報超過 10%,對金錢感到越來越有安全感。
5. 建立更多的被動收入來源,享受財務自由與時間自主。

愛情
1. 開始一段健康、有愛的關係,感受到滿滿的愛與幸福。
2. 與適合我的伴侶順利步入婚姻,感受到愛情的圓滿與歸屬感。
3. 順利懷孕並迎接一個健康的寶寶,感覺家庭圓滿與愛的

延續。
4. 擁有一段和諧且穩定的關係，感受到內心的安全、信任與情感上的滋養。
5. 與伴侶保持穩定且熱情如火的性生活，感受到彼此之間的親密和連結更加深厚。

健康

1. 順利達到理想體重跟體態，讓我感到輕盈、健康，並充滿自信。
2. 養成規律的運動習慣，讓我保持健康的體能狀態，提升身體耐力。
3. 每晚都享受深沉的睡眠，讓我每天醒來都精神飽滿、精力充沛。
4. 建立平衡的健康飲食習慣，讓我感受到身體內外的活力與健康。
5. 皮膚吹彈可破，讓我看到鏡中的自己就超有自信。

人際關係

1. 擁有一個無話不談的好友，這個關係讓我感到被支持且理解。
2. 擁有一群能夠啟發我前進的朋友，這讓我感到充滿動力和創造力。

3. 與家人建立更好的關係,感受到彼此之間的理解、愛與支持。
4. 加入一個有支持力的線上團體,讓我感到被激勵和安心。
5. 擁有多采多姿的社交生活,讓我的生活更加有活力和快樂。

個人成長╱願望

1. 環遊世界,開拓視野,讓世界觀更加豐富。
2. 提高情緒穩定性,變得更成熟且理智。
3. 強化內在顯化信念,吸引更多美好事物。
4. 提升自信心,吸引更好的機會和人際關係。
5. 擴展我的知識領域,在個人和職業上持續成長。

試著寫出你全方位的顯化清單吧!

事業

_____

_____

_____

財務
_____
_____
_____

愛情
_____
_____
_____

健康
_____
_____
_____

人際關係
_____
_____
_____

個人成長／願望
_____
_____
_____

從不想要到想要：
找到顯化清單的祕訣

如果你一點 ideas 都沒有，不曉得要顯化什麼，教你一個小撇步！拿出一張紙，中間畫一條線，左邊寫上「我不想要的」，右邊寫上「我想要的」。

假如想要顯化一個伴侶，但不知道要怎麼更具體地寫出那個伴侶的特質，可以先列出你確定不想要的特質。也許可以透過前任發現那些讓你很討厭的特質，例如不忠誠、不關心你的感受、不願意共同努力、經常爭吵且情緒不穩定等。藉由寫下這些問題，可以清楚看到你真正想要的是一個：忠誠、關心體貼、願意共同努力並支持你，與你相處和諧且情緒穩定的伴侶！

透過你的不想要，去找到你真正的想要。不過就算現在還是 have no idea，甚至覺得很 lost、沒方向，也不要強逼自己！亞伯拉罕說過：「你會透過快樂，找到自己的路。」

迷路，是為了讓你去看看未知的風景。這是宇宙給你機會去探索更多的可能性！而且透過體驗我們不想要的東西，才能更清楚明白地知道自己真正想要什麼。所以毋湯再說：「哎，我不知道自己要什麼⋯⋯」「我現在很迷惘⋯⋯」

如果了解吸引力法則的道理，你就知道什麼能量吸引什麼能量。你覺得上面那些話的能量是高還是低？肯定低爆吧？這樣

不就會吸引更多低能量的人事物來到身邊嗎？

「We are co-creators with the Universe.」（人生是由宇宙跟我們共同創造的），不要再覺得自己沒有能力去創造夢想的人生。

下次如果有人問你（尤其是在面試的時候）：「你的目標是什麼？或是你想要做什麼？」請回答：「我正在積極探索各種可能性！」有沒有覺得相對有力量多了呢？

放下跟別人比較的衝動，每個人的章節都不同。越去比較，能量就越低。別著急！好好享受探索的旅程，並且敞開心胸去尋找那些能夠讓你真正感到快樂的事吧！

如何找到屬於你的天下

最近好友問我：「你覺得你成功的祕訣是什麼？」

我回答：「應該就是做我願意做一輩子的事吧！」

當時我還沒有看過巴夏的影片，只是單純地認為：「憑什麼我不能做我熱愛又能賺錢的事？」「誰說賺錢就一定要這麼痛苦？」幾個月後，我偶然看到了巴夏的影片，才明白自己為什麼會莫名其妙地想要跟隨內心的直覺——原來這就是巴夏所說的：「**跟隨最讓你興奮的方向前進。**」他解釋道，當你對某件事情感到興奮和充滿熱情時，那其實是內心在說：「這就是我真正想要

的東西啊！」

他還提到：「當全心投入到讓我們最興奮的事情，且不執著於結果，就能與最真實自己的頻率對齊。這時，宇宙自然會為你打開大門，讓你得到所需的支持和機會，這是提升自己能量的最佳方式。不管結果如何，我們都應該以積極的態度看待，並從中找到光明的一面，繼續這樣做下去就對了！」

其實，我一直都是這樣做的，這也是能走到今天的原因。當發現自己有寫歌的才能後，我彷彿到了人生新高峰。因為我深刻地感覺到這是我願意做一輩子的事。每次創作的過程都充滿了興奮，我只是隨著這純粹的熱情走，完全沒去想結果，也沒有帶著任何期待。隨著作品的累積，在業界悄悄打出了名聲。後來，越來越多的廠商慕名而來，且願意用較高的報酬合作，請我為他們量身打造業配歌。

我也從來沒想過自己會創業，當時只是因為很愛吸引力法則手帳，也寫過很多不同的手帳，但我發現：「奇怪？臺灣怎麼沒有這種有質感又感覺自帶魔法的手帳呢？」

想到這裡就讓我興奮不已，儘管當時完全沒有資金、資源，甚至是商業頭腦，但我毫不猶豫、不帶任何 overthinking 或是對結果的期待就衝了。當初還真沒想過靠這個手帳能賺多少錢，只是單純靠著興奮感和傻勁直直往前衝。

我請教前輩們，邊做邊學，成立了全臺首創的顯化感激手帳品牌，甚至達到了千萬的營業額。所以感到興奮時不要害怕，

做會讓你興奮的事,因為那搞不好就是屬於你的天下。

「跟隨讓你興奮的事物,這會引導你走向正確的方向。」

下面是經過九粒 Style 翻譯的巴夏五步驟的興奮公式,希望透過這個公式可以讓你更有方向地勇往直前!

> 當我們感到興奮時,就是真實自我在說:「就是這個光!就是這個!」

步驟一:跟著讓你內心最嗨的那件事走就對啦!

去做那件讓你內心最興奮的事吧!別等了,趕快開始行動,而且允許自己多做點,讓熱情帶你飛高高!

步驟二：全力以赴，不留餘地！

既然決定了，那就大膽地豁出去，專注在你熱愛的事情上，做到淋漓盡致！

步驟三：別抱期待，放手去玩！

別管結果怎樣，只須專注、跟隨內心的渴望，好好享受，安心地讓宇宙給你最好的安排！

步驟四：挑戰來了也不怕，正向對決！

就算遇到事與願違的挑戰，也別緊張！相信這都是幫你升級的過程，正面、正向地迎接它吧！

> 步驟五：認清那些小怪獸，別被它們騙了！

提高警覺，看看那些限制你前進的信念、懷疑和恐懼在搞什麼鬼，別讓它們綁架你，勇敢突破它們吧！

想像力是你的超能力

在點餐或是網購衣服的時候，你一定會在腦中先想像，待會吃麥香魚津津有味的畫面，或是穿上那件綠色花花洋裝覺得自己「哪欸加尼水～～」的樣子，對吧？

跟宇宙下訂單也是一樣。大腦無法分辨出現實跟想像出來的畫面，所以你必須先讓潛意識看到自己成功的模樣。

現在請閉上眼睛，想像自己吃下一顆酸梅，有沒有感覺到唾液開始湧出來了呢？這就是「望梅止渴」的原理，因為大腦會把你的想像當作真實經歷來處理，進而產生相對應的反應！

潛意識掌控著我們95%的人生，大部分的行為、情感反

應和習慣都是由它自動導航的。不過，我們可以透過五感（視覺、聽覺、嗅覺、味覺、觸覺）來給自己心理暗示，進行自我調節、控制思考，從而創造出自己想要的結果。

這就是為什麼許多明星和運動員會透過視覺化練習，來幫助自己達到最佳表現。早在 1910 年，法國心理學家和醫生愛彌爾‧庫埃就利用自我暗示成功治癒了上萬名患者，證明了想像力的力量。想像力真的就是你的超能力。

當你釐清顯化的目標後，即可利用視覺化練習，想像自己活在已經實現願望的畫面中，幫助你加速顯化。

在〈旅程二〉，我將教大家如何進行視覺化顯化冥想。

宇宙點餐時間：感恩先行，能量買單

在〈旅程一〉結束前，先來整理一下你的顯化清單吧！

步驟就如同我們去麥當勞點餐，只是在點的時候說法會有一咪咪不一樣。

1. 先想好要點什麼。
2. 有自信地相信你要點的東西是無限供應，且一定會點到。
3. 具體地、正面地、感激地說出你要點的東西。在點餐時你通常會說：「我要一份麥香魚，謝謝。」但你要倒過

來，先說宇宙最愛聽的兩個字：「謝謝」，變成「謝謝宇宙給我一份麥香魚！」

4. 點完餐之後就要付錢了，對吧？但是宇宙不收錢，宇宙看的是你的能量。你的能量越跟你點的東西同頻率，祂就會越快出餐給你！**Your energy is your currency.（你的能量就是你的貨幣。）**

5. 在點完餐後，我們都會有禮貌地跟店員說「謝謝」，對吧？同等的，最後也要預先感激宇宙即將送來的禮物。畢竟讓自己快速提升頻率的方法就是感激，你的能量越高，訂單來得越快！所以你可以寫下：「謝謝你！謝謝你！謝謝你！完成啦！完成啦！完成啦！」（寫三次讓自己的潛意識相信是真的達成了！在寫的同時也要讓自己感受到已收到訂單的感激，且不再擔心的感覺哦！）

要跟宇宙這樣下訂單：

我好感謝 ＿＿＿＿＿＿＿＿＿＿＿＿＿＿（你想要顯化的東西），

這讓我感到 ＿＿＿＿＿＿＿＿＿＿（顯化成功會有的感受）。

謝謝你！謝謝你！謝謝你！

完成啦！完成啦！完成啦！

在寫訂單時，一定要是自己覺得可能顯化的哦！例如你想要顯化中頭彩，那當你寫下「感謝宇宙讓我中頭彩」會有什麼感覺？是不是出現：「屁啦，怎麼可能！」完全不相信的聲音呢？最重要的就是感受下訂單時你所產生的能量，如果你下的訂單沒有帶來正面的能量，反而讓你感到懷疑、焦慮、恐懼等低頻的能量，那宇宙絕對不會出貨給你。因為宇宙收的貨幣，是跟你顯化訂單一樣高的能量。所以當你下訂單時，請感受一下自己是否相信，且有浮出像是期待、興奮、喜悅、幸福等的高頻感受。

下完訂單後，不代表你就不用做事囉！你同時也必須做出顯化成功的自己會採取的行動、適時地檢視及調整能量，且全然地相信自己值得擁有這些訂單，信任宇宙絕對會在對的時間點出貨給你。

P.S.

別用「不、但是、只是、希望／想要」等字眼下訂單。

像是：

1. 不要／不想／不能：我不要再窮下去了。我不想再生病了。我不能失去這個機會。
2. 但是：我想成功，但是我害怕失敗。
3. 只是：我只是希望有更多的錢。
4. 希望／想要：我希望能找到好工作。我想要一個男朋友。

因為用這些詞語會讓你的潛意識聚焦在「你沒有」的匱乏感，讓你更難顯化。

相反地，我們應該用積極肯定和感激的言語來下訂單。

例如：

1. 我不要再窮下去了。➔ 好感謝我得到財務自由的生活。
2. 我不想再生病了。➔ 好感謝我健康的身體。
3. 我不能失去這個機會。➔ 好感謝我抓住了這個機會！
4. 我希望找到好工作。➔ 好感謝我找到這麼理想的工作！

5. 我想要一個男朋友。➔ 好感謝我找到一個這麼棒的男朋友！
6. 我想成功，但是我害怕失敗。➔ 好感謝我順利獲得成功！
7. 我只是希望有更多的錢。➔ 好感謝我擁有這麼多的錢！

這樣的表達方式能更直接地把想要的東西傳遞給潛意識，進而幫助你實現它。來試試看吧！

TIPS！請務必注意寫清單時的能量哦！

考試制度讓我們養成了「一定要考滿分才會成功」的限制信念，所以我常被問：「九粒，我這樣寫對嗎？」請你放百分之兩百的心，寫清單不是在寫考卷，不會有不及格、搞砸的問題，你也隨時可以調整你的清單。但如果帶著害怕自己有沒有寫對的恐懼能量在寫，你的顯化絕對會來得很慢！**請適時地覺察及調整自己對顯化的想法和能量！**

原來宇宙是這樣交易的！

我常被問：「跟宇宙下單要不要還願呢？」這個問題很有趣。想像宇宙是一家銀行，人類世界用金錢進行交易；但在宇宙世界裡，交易的媒介是信念、愛、信心和接納等能量。所以，跟宇宙下單時，其實並不需要傳統意義上的「還願」，而是調整和提升自己的內在能量，**讓自己處在一個接收且與顯化對頻的狀態。**

這時，打開你的接收模式尤為重要。在你還沒有敞開心房、改變限制信念前，是無法真正接收到宇宙禮物的。這就像當你進入一段新關係，如果沒有整理好自己的心情、放下過去的傷痛，那麼這段關係就會變得混亂。

宇宙也是如此。如果祂感覺你還沒有準備好，沒有調整好自己的內在能量，就不會輕易「出貨」給你。因此，不是說要不要還願，而是你是否準備好以你想要的顯化同頻率的狀態來接收宇宙的禮物。

這也是為什麼很多正能量咒語都會用「我敞開心扉，準備好接收⋯⋯」為開頭。這句話提醒我們，宇宙的「交易」並不在於你付出了什麼物質，而是你如何調整和提升自己的內在能量。

另外，允許能量循環也很重要。當你捐款、幫助社會或讓能量用任何形式流動時，這也象徵著你能量的豐盛。宇宙就會讓你「有施更有得」。

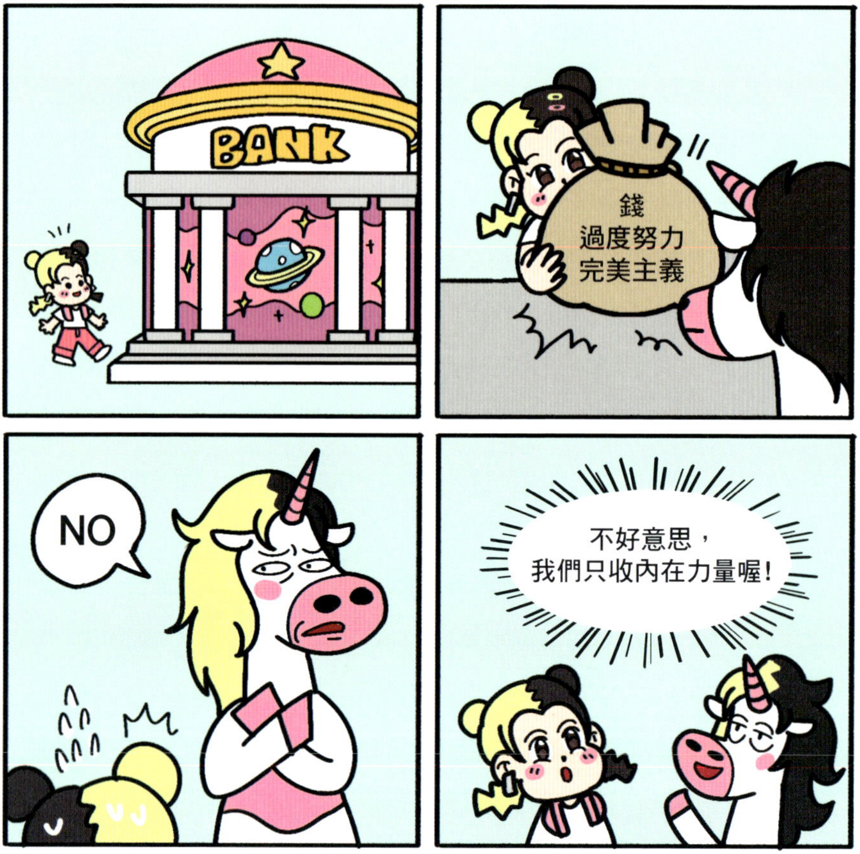
BANK
錢
過度努力
完美主義
NO
不好意思，
我們只收內在力量喔！

訂單能量法則：
別急，越 Chill 越靈！

　　下訂單時，千萬不能抱持著「我沒有這個東西就活不下去」那種飢渴又絕望的能量。

　　切記：**你帶著什麼能量去跟宇宙下訂單，會大幅影響你的結果！**這就像是在追喜歡的對象時，如果帶著「沒有跟這個人在一起，我就會死！」的心態去死纏爛打，那就準備單身一輩子吧！畢竟我也是在情場走跳多年，累積了不少經歷，姊妹們常常會把我當成戀愛軍師，要我指點下一步的棋子該怎麼下才好。萬年不敗的一招就是：**欲擒故縱！**

　　人嘛，就是犯賤。越得不到，你越想要。所以我都會跟姊妹們說：「你越愛，就越要放得開。」因為當你對你的對象忽冷忽熱的時候，他越會被勾得心癢癢，無意間變得越來越想要你。萬一對方無動於衷，那也是宇宙幫你做刪去法，刪掉一個不值得擁有你的人罷了。如果你抱持著「我可是一個超珍貴稀有的禮物，任何人擁有我都是他的福氣」的高能量心態，被你吸引的，就會是跟你一樣高能量的好對象。但當你貶低自己的價值，委屈自己時，這種低能量就很容易吸引來壞東西。

　　舉另一個更容易懂的例子。如果你在經營自媒體，會發現一個神奇的靠北定律。

當你越期待一支影片會爆紅,它越不紅。反而不抱任何期待,只是純粹享受在創作的影片,就會莫名爆紅。你會發現越期待,越會落空。**過度期待其實會堵住宇宙的物流**。為什麼呢?吸引力法則就是「什麼能量＝什麼能量」,對吧?那你覺得一個處在過度期待能量裡面的人,這個能量是高還是低?肯定是超級low。

這個能量散發著「我沒有這個結果會死」的焦慮低能量,所以自然而然沒有辦法吸引到高能量的願望。我常常會開玩笑說:「這跟男人犯賤一樣。你越想要,他越不要。但當他看到你沒有他也過得很好的時候,反而越想靠近你。」

所以跟宇宙下訂單時,你也要調頻好自己的能量。你要散發出「我想要你,但我沒你也很好」的 chill vibe energy。我要你開始注意,當面對自己的顯化時,內心出現什麼聲音?是「我求求你趕快讓這件事發生」,還是「我不擔心,會是我的,就會是我的」?

檢視你的內心對話

乞求心態：「我沒有……」的低能量
- 我想要變得更幸運。
- 拜託、拜託、拜託!給我這個顯化!
- 不知道會不會成功……希望可以囉……

・哎，要是 ＿＿＿＿＿＿ 發生就好了……

決定心態：「我已經擁有……」的高能量
　・我是幸運的存在！
　・感謝宇宙一直以來的支持，讓這一切成為現實！
　・我知道我一定會成功！
　・我決定且宣告，＿＿＿＿＿＿ 已經實現在我的生活中，這就是結果！（我說啥就是啥！）

練習一下吧！寫出你最常說的「想要」，並把它轉為完成式。
例如：
・我希望自己可以聰明一點。→ 我是聰明的！
・我希望賺多一點。→ 我已經開始越賺越多了！
・我希望找到好工作。→ 我已經找到好工作了！
・我希望有一段美好的感情。→ 我已經有一段美好的感情了！

＿＿＿＿＿＿＿＿＿＿→＿＿＿＿＿＿＿＿＿＿
＿＿＿＿＿＿＿＿＿＿→＿＿＿＿＿＿＿＿＿＿
＿＿＿＿＿＿＿＿＿＿→＿＿＿＿＿＿＿＿＿＿
＿＿＿＿＿＿＿＿＿＿→＿＿＿＿＿＿＿＿＿＿

也許你會覺得這根本是在騙肖欸，但這樣做的目的是要讓你的潛意識看到這件事情已經實現，而不是一直處在一個「我沒有」「好困難」「我做不到」的匱乏低能量裡。所以在寫下完成式的時候，請盡可能想像這件事情完成的畫面。

　　當你發現自己開始對於想要的顯化感到焦慮不安，想要跟宇宙乞討時，你可以跟自己說右頁列出的咒語，來幫助自己拿回力量、回歸能量！

能量咒語

- 我想要的東西已經在路上了。
- 我想要的東西注定是我的,跑不掉的啦!
- 我越放鬆、越享受當下,宇宙就會越快送上門。
- 一切的發生皆有利於我,我相信宇宙的安排。
- 我釋放所有焦慮跟控制,並且信任宇宙的時機。
- 我不需要控制一切,宇宙早已安排好一切最適合的結果。
- 我選擇相信:放下掌控才能擁有更多自由與幸福。
- 我釋放對結果的所有執著,讓生命自然流動。
- 焦慮無法改變未來,我選擇信任並專注於當下的美好。
- 我允許自己輕鬆呼吸,安心地接受當下的一切。

旅程二

扮演未來的你

宇宙：「旋轉跳躍，進入你的未來世界！」

親愛的，我現在可是活在妳的夢想人生！

屁勒！我才不相信妳勒！

如果妳都不相信我了，妳就永遠不可能成為我！

好像很有道理⋯⋯

掌握大腦濾網，變身顯化小魔女／男

想要變成顯化小魔女，越來越幸運，首先要做的就是別再自怨自艾：「我就是這麼衰！」「我怎麼這麼可憐。」「哎，我永遠都不會成功／有錢／找到真愛。」「這本書一定沒屁用。」我可以拍胸脯保證，如果你打從心底相信自己衰、可憐、不會成功、這本書沒用，那你絕對是對的！

就像一旦認為這個人很討厭，你就只會看到他越來越多討厭的地方，而完全看不到那個人的好。或是想像你在找耳機，記得它應該在昨天穿的咖啡色褲子口袋裡，但第一次找的時候沒找到。於是，你在其他地方翻找了十分鐘，依然沒有結果。最後，你還是選擇相信自己的記憶，再次回到那條咖啡色褲子的口袋裡仔細找找，就找到了耳機。要是當初你完全相信耳機不在那裡，那你可能永遠都找不到它。

所以當把某件事情標記為不好、不存在時，你的腦袋就會相信它，接著就像滾雪球一樣，滾出越來越多不好、不存在的證據給你看。你一定想知道這個根據在哪裡？

前面提過，大腦裡面有一個很神奇的東西叫做「大腦濾網」，它就像是演算法一樣，你常常關注哪些訊息、信念、想法，它就會過濾讓你看見更多相關事物，因為大腦會優先處理你

認為重要的訊息。

假如你常常把「我很衰」掛嘴邊,你的信念就會是:「我是一個不幸運的人。」因為**經常說的話和經常有的想法會成為信念**。當你相信了這個信念,大腦濾網就會蒐集各種你很衰的證據給你看,證明你的相信是對的。反之,如果開始相信自己是很幸運的人,從改變自己說的話,到蒐集自己是幸運的各種證據,大腦濾網就會被刷新,讓你看見更多「你是幸運的」的證據。

我好幸運
大腦濾網開始蒐集幸運的證據

我好衰
大腦濾網開始蒐集好衰的證據

為什麼很多人覺得吸引力法則跟顯化根本是屁?因為他們誤解成:「只要一直想中樂透,就會中。」但問問自己,試著去

想自己中樂透時，腦中出現了什麼聲音？「天底下哪有這麼好的事！」「我才不信咧！」是吧？那是因為你的潛意識打從心底就不相信這件事，潛意識專注的信念都是在這件事情不可能上面，所以我認為**吸引力法則和顯化並不是「心想事成」，而是「心『專』事成」和「心『信』事成」**。絕對不是像大多數人認為的那樣，只要說「我是有錢人」，就會成為有錢人！而是打從潛意識相信這是真的才會實現。

你會吸引到與經常專注的能量相對應的人事物，潛意識中反覆專注的信念，也會在你的生活中顯化出來。

What you think, you create. What you feel, you attract. What you imagine, you become.

（你的思考創造了你的現實，你的感受吸引了你的經歷，你的想像塑造了你的未來。）

「Become」揭示顯化的祕密

我發現一件很神奇的事，那就是「Become」這個英文單字，竟然暗藏著顯化的祕密。拆解這個字，就是「Be first, then it'll come.」（先成為，它就會來）。完全就是**顯化的核心理念：必須先從內在成為你想要顯化的能量，它才會在你的外在現實中**

出現。所以如果想要你的生活充滿感激，就要先學會感激你所擁有的。

你可以問自己：「**我想要的顯化，會讓我有怎麼樣的情緒能量？**」假如想要顯化月收入十萬，那麼月收入十萬的你，會有什麼感覺呢？可能是感到非常快樂、富足、有成就感，對吧？

那麼你可以透過想像或是過去曾經有這些感受的回憶，讓自己感到快樂、富足、有成就感，幫助你活在顯化成功的狀態裡。新時代教父內維爾・戈達德有一個很著名的顯化方法跟「Become」的概念一樣，叫做「Live in the end.」，意為活在顯化的終點。這就是我們常常聽到的「Act as if.」，讓自己活在顯化已經成功的世界。與其把我們想要的顯化視為遙不可及的目標，不如現在就把想要的體驗跟感受帶到此時此刻。內維爾・戈達德稱之為：進入願望已經實現的狀態。

那要怎麼活在顯化成功的終點體驗裡呢？
1. 想想看顯化成功後的生活會是什麼樣子？釐清你的終點。
2. 想像自己活在已經顯化成功的時空裡，你的生活狀態和感受會是如何？
3. 完全沉浸在這個已實現的時空裡，體驗你的情緒、五感和畫面。
4. 練習每天帶著這種狀態和能量生活，並適時調整自己的能量。

5. 從顯化成功的心態出發，肯定自己，並以已經實現的角度來思考、說話和行動。
6. 放下對「它該如何或何時發生」的執著，活在願望已經實現的狀態中。

儘管 It seems a little bit crazy, ha!

你會發現，後面的顯化魔法怎麼都跟這個步驟這麼像？因為它們都只是幫助我們「Live in the end.」的工具而已啦！

想遇到白馬王子？先提升你的Level！

你可以把顯化想像成 101 大樓。假如你想要顯化的人是在 101 樓的白馬王子，但是你人在 2 樓，總不可能要白馬王子為了你跳樓下來吧？你能做的就只有往上爬到 101 樓才能遇到王子，不是嗎？

吸引力法則就是同頻率吸引同頻率，如果想要吸引高頻率的人事物，就必須提升自己的頻率到同樣的高度，才能吸引到同頻率（樓層）的人事物。

自我概念一轉變，人生全改變！

兩三年前，我在 TikTok 上聽到好多創作者在宣傳一個酷概念叫做：「Self-Concept」（自我概念）。什麼是自我概念？

自我概念就是你心裡對自己的認知和看法，包含了四個部分：生理（外表、健康）、情緒（個性、感受、表達方式）、社會（團體中的角色、定位與價值）與智慧（能力、潛力）。簡單來說，就是你心中那個「我到底是誰」的小故事。

這些自我概念，都是從你生命的各種體驗所形成的。我們並不是與生俱來就對自己有這些定義，這些概念都是後天獲得

的，也意味著我們完全有能力去改變它們。

　　為什麼要提到自我概念？因為自我概念就是我們對自己有的信念。記得嗎？你的信念會顯化成你的現實。這就是為什麼改變自我概念是顯化最重要的關鍵！要是你的自我概念沒改變，你就會持續顯化一模一樣的人生。

如何改變自我概念

　　首先，釐清你的自我概念。在此之前，我想問你：你的人生中發生了什麼事情讓你覺得「夠了！是時候改變了」？你是不是真的厭倦了不斷顯化那些不想要的結果？記住，我們不可能帶著同樣的心態卻期望顯化出不同的結果，這個問題能幫助你找到改變自我概念的內在動力。

透過下列的問題和填空句，可以幫助你找到答案：
1. 我是如何看待自己的？我覺得自己是個怎麼樣的人？（好的、不好的全都寫下來）
2. 我有什麼優缺點？這些優缺點如何影響我對自己的看法？
3. 我在日常生活中的身分（如女兒、女友、創作者等）如何影響我對自己的自我認知？例如：「我是個創作者，所以我應該創作出有意義的內容，帶給世界正面的影響。」

4. 我的過去經歷如何影響我對自己的看法?例如:「我曾遇到好多個渣男,讓我深信自己就是個渣男磁鐵。」

再來,用直覺回答以下句子:

(請寫出所有你想到的形容詞)

・我覺得我_____。

・我是一個_____的人。

・我的家人、朋友們常常說:「我是一個_____的人。」

・我常常會對自己說:「我很_____。」

  「我就是_____。」

透過這些問題,你就能夠更清楚地看見你的自我概念。

想想顯化成功的自己的自我概念

仔細描繪出這個自己,包括個性、外表、身材、行為、習慣等等。回答下列問題來幫助你打造顯化成功的自己的自我概念:

・模樣

已實現所有願望的你會是什麼樣子?這個版本的你會如何展現自己?

・信念

你的思維模式會有什麼改變?這個成功版本的你相信哪些事情╱信念?

・**專注**

你會專注在哪些目標或行動上,來保持能量和焦點?這個版本的你會把時間和精力投入在哪裡?

・**感受**

想像成功顯化願望的你,會感受到哪些情緒／感受?這種情緒／感受會如何影響你的日常生活?

・**行動**

成功顯化的你會採取哪些行動來維持這種狀態?

・**習慣**

成功顯化的你有什麼樣的日常習慣?這些習慣如何幫助你保持在顯化成功的狀態中?

你也可以向 ChatGPT 求助!

【ChatGPT 指令】

「我想要顯化 XYZ(越具體越好),請告訴我顯化成功的我的自我概念(模樣、信念、專注、感受、行動、習慣)。」

朋友圈　感受　顯化的東西　習慣　行動　興趣　信念

活出顯化成功的自己

現在的我，可以做哪些行動來蛻變成顯化成功的自己？把所有顯化成功的自己會有的習慣、行動變成具體的計畫。想一下顯化成功的自己會如何規畫自己的一年、一個月、一週、一天。例如：每年出三樣產品、每個月看完一本書、每週運動至少

三次、每天冥想十分鐘。

　　我習慣在每週開始前,將計畫寫在手帳裡,不但讓我更有方向,完成後,還能有滿滿的成就感!但同時我也會耐心地循序漸進,讓自己慢慢適應這些新的習慣及行動。因為一旦對自己太嚴格,保證你很快就會放棄!

　　如果你懶得想,就請 ChatGPT 幫你想!在問完前述的自我概念後補上:「請幫我寫出顯化成功的我會有的習慣、行動及具體計畫。」就完成囉!

> **TIPS！** 就算你每天再認真寫感激顯化日記、念正能量咒語，要是沒有配合行動，新的信念還是啟動不了哦！行動才是讓信念真正發揮魔力的關鍵！

在過程中，我會利用以下工具，幫助自己更快地改變自我概念：

・**肯定言語**：改掉對自己的無限批判，養成說鼓勵積極的肯定言語，像是「我每天都變得越來越好」，並把它養成每日習慣。但如果覺得說出肯定言語很像在騙自己的話，你可以在前面加上「我願意相信……」慢慢地建立自信。

・**視覺化想像**：我喜歡三不五時，花大概 5～10 分鐘想像自己已經成為那個顯化成功的我，感受那個自己的滿足、自信和驕傲，這會大大強化你新的自我概念。

如果你覺得「顯化成功的我」名字太長或是太沒辦法想像，你可以幫這個自己取個名字，例如用你的名字去延伸。

・**催眠潛意識音檔**：把所有顯化成功的你會有的正面信念寫下來，把這些信念用自己的聲音錄製成音檔，用 Garageband 或是任何可以編輯音檔的軟體配上讓自己放鬆的音樂，我個人通常喜歡搭配下雨的聲音！九粒有為大家製作一個「睡出幸運體質」的催眠潛意識音檔，推薦大家可以試著持續每個晚上都聽著睡，絕對會看到很神奇的改變哦！

請給自己多一點耐心，羅馬不是一天造成的，你的自我概念畢竟也跟著你這麼久了，別急著一步登天！只要持之以恆，一定能夠看到自我的蛻變和成長。

順道一提，所謂的「Lucky Girl Syndrome」（幸運女孩症候群），其實就是將自己的自我概念，更改成一個幸運女孩會有的自我概念。

睡出幸運體質

顯化最好自己冥想

小魔女的每日幸運配方

這邊附上小魔女每天最喜歡使用的超能量信念給大家！建議選自己最喜歡的三～五句，並每天服用。如果怕忘記，也可以直接在睡前聽「睡出幸運體質」的催眠潛意識音檔，持續 21 天，你絕對會有不可思議的幸運發生！

・**我永遠都在對的道路上。**

I'm always on the right path.

- 對於我的顯化,我放心不擔心!

  I trust in my manifestations and let go of all worries!

- 我真的是想要什麼就來什麼!

  I attract everything I desire with ease!

- 我絕對值得擁有我想要的任何東西!

  I am absolutely worthy of everything I desire!

- 只要我有心,沒有什麼我做不到的事!

  As long as I am determined, there is nothing I cannot achieve!

- 能夠活著真是太棒啦!

  It's amazing to be alive!

- 我願意放下我的限制信念,迎接所有豐盛到身邊!

  I am willing to release my limiting beliefs and welcome all abundance into my life!

- 所有的發生皆對我有利,而且都是讓我變得更好的機會!

  Everything serves my highest good and is an opportunity for my growth.

- 真的好感激我所擁有的一切。

  (請將這個「一切」具體地想像出來,並感激他們╱它們的存在)

  I am deeply grateful for everything I have.

- 我相信一切都是最好的安排。

  (就算我看不懂宇宙到底在衝啥)

  I trust that everything is working out for my highest good.

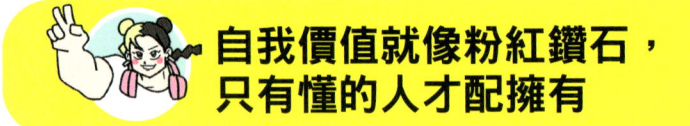

自我價值就像粉紅鑽石，只有懂的人才配擁有

在社群上看到一個故事，讓我突然明白：「原來以前一直遇到渣男，是因為我根本看不到自己的自我價值。」

故事是這樣的：小女孩的爸爸給了她一顆粉紅鑽石，要她帶到鎮上，當有人詢價時，就要她舉起兩根手指。小女孩先去了麵包店，烘焙師問：「這多少錢？」她舉起兩根手指，烘焙師驚訝地說：「這麼普通的石頭要兩塊錢？！」

接著，她去了古董店，店員同樣問：「多少錢？」小女孩再次比出兩根手指，店員說：「這要兩百塊？也太貴了吧！」

最後，她去了珠寶店，珠寶商問：「這怎麼賣？」小女孩依然比出兩根手指，珠寶商驚呼：「才兩千塊嗎？這麼稀有的鑽石賣這個價錢，我真是賺到了！」

如果你總是吸引到不尊重你的人，是時候好好地反思自己的自我價值。過去我就是因為覺得自己不值得被愛，自我價值感極低，才不懂得保護自己、不設立界線，允許那些不好的人傷害我。

如果生活中有人讓你覺得自己不夠好，請記住：**不要用他們的評價來定義自己的價值！**他們看不見你的珍貴，是他們沒眼光。他們離開你，那是他們的損失。

別忘了，你就是那顆獨一無二的粉紅鑽石！我們天生就是

看不見我價值的人
請滾蛋！

看見我有多珍貴的人
真有眼光！

珍貴、稀有、有價值的存在！

　　自從開始專注於改變我的自我概念後，神奇的事情不斷發生。有陌生人會突然走過來對我說：「嘿，我只是想說妳真的很漂亮。」去年，一位我八年前在藝人比賽認識的超帥男神演員

（也是我現在的朋友）突然對我說：「我一直都覺得妳超性感，好嗎！」我超驚訝，因為我們認識這麼多年，他從來沒有對我表現出任何興趣，所以我一直以為我不是他的菜，甚至還想說他一定覺得我很醜。但在我改變自我概念後，他告訴我，他之所以沒有行動，是因為我幾乎沒有單身過。哈！

這其實就是「假設法則」的運作方式。假設你的顯化已經是你的，且表現得像是它已經實現了一樣——即所謂的「Fake it till you make it.」。如果預設別人都不喜歡你，那麼你發出的能量就是「自卑和懷疑」，宇宙就會根據這種能量，讓你經歷更多相對應的情境。相反地，如果預設自己很有魅力、值得被愛，那麼你就會散發出吸引力，吸引那些美好的經歷。

當你假設自己是顯化小魔女／男時，同時也要假設她／他的自我概念：你是什麼樣的人？會受到怎樣的對待？值得擁有什麼樣的人事物？最重要的是，你必須真正相信這一切。很多人會說：「有啊，我常常說自己很棒、值得被愛啊，但為什麼還是這麼衰？」這其實表示你的潛意識並不相信這些正面語句，反而在心裡嗤之以鼻地說著：「你在騙肖欸！」光靠嘴上說是不夠的，你必須從內心真正地認同它。

不要被現實中發生的事給綁架了！你想要吸引什麼感覺，就要先去創造那個感覺。練習告訴自己：「我是值得被愛的，因為我是這麼迷人可愛的存在！」當你這麼做，且開始打從心底相信時，神奇的事情就會發生。

調整你的能量頻道，轉臺迎接豐盛時空！

假如你現在在看電視的第 8 臺，播放的全是像《玫瑰瞳鈴眼》這種嚇到吃手手的恐怖內容，你還會想繼續停留在這一臺嗎？除非現在的你就是想被嚇，不然應該沒這麼 M 吧？通常還是會想轉到會讓你開心的頻道，像是第 68 臺的好萊塢電影臺。

其實，我們的能量頻率也是一樣的。想像你現在活在第 8 臺的能量頻率裡，這裡充滿恐懼、焦慮、反抗、害怕失去的低頻能量。但你內心渴望的卻是第 68 臺，充滿希望、快樂、豐盛和喜悅，擁有你想要的美好感受。

可是根據吸引力法則，同樣的能量會吸引同樣的能量。你不可能從第 8 臺直接跳到 68 臺，就像不可能叫《玫瑰瞳鈴眼》的演員去演好萊塢大片一樣。

所以我們需要利用「遙控器」——也就是**你的想法和感受，來轉臺！**不知道你有沒有看過《媽的多重宇宙》？楊紫瓊的角色進入了各種不同的平行時空。你可以把這些平行時空想像成電視頻道，每個頻道都有自己的能量頻率。

現在，回到我們說的轉臺。如果你想活在第 68 臺，因為那裡有你夢想中的一切，你就要先和第 68 臺的能量頻率對齊，也就是讓你的臺詞、想法和感受與 68 臺一致。所以，我們要先釐

清：在第 68 臺的你，會有什麼想法和感受？

如果第 68 臺的你有美好的事業、感情和生活，那麼你常會說的臺詞跟想法可能是：「好喜歡我的工作啊！」「我真的好愛我的另一半！」「我的人生真的好幸福！」感受上會是感激、幸福、成就感、被愛、自由與豐盛的感覺。

你可能會問：「可是我就是還沒有得到這些東西，我要怎麼騙自己啦？」所以要從感受下手！你總可以隨時隨地感到感激吧？總會有吃到喜歡的甜點而感到幸福的時候吧？總有那個讓你感到很有成就感的時刻吧？（不一定要是多大的成就感才算哦！就算只是完成了今天的待辦事項得到的成就感也算！）

以此類推，可以靠以前的經驗幫助你重拾那個感受，提升頻率，慢慢轉臺。簡單來說，我們要去**體現「顯化成功的我」**

讓現在的你散發出來的想法跟感覺，和未來的你同步！

時空切換！

的思考、言語，以及感受。當你這樣做時，就會開始有更多靈感，更有方向地做出與顯化成功的你一致的行動。

記住，當你的頻道出現其他頻道的雜訊或頻率時，你就會一直切換，因此沒辦法真正活出你想要的那個頻道的生活喔！別忘了，我們擁有的只有當下，能改變的也只有現在。我們可以決定當下的體驗，像是可以決定現在要去吃飯、運動、工作或睡覺，這都是你可以掌握的選擇。**你完全有能力改變自己的感受、想法和能量，因為你才是你生命和能量的主人！**

亞伯拉罕・希克斯有句名言：「Tuned in, Tapped in, Turned on.」中譯為「調整頻率，連結能量，啟動狀態」。但這樣說可能還是太莎士比亞了，所以我更喜歡說：「轉臺、連結、開機！」簡言之，**當你把能量頻率轉到和想要顯化的未來一致時，那個未來就會被啟動**。希克斯常常強調，當你處在這種「Tuned in, Tapped in, Turned on.」的狀態時，你和宇宙的能量同頻，顯化就會自然而然地發生。

・**Tuned in：和內心真正的自己對齊。**這就像把收音機調整到正確頻道，才能接收清晰的訊號。跟自己的內在和情感處於和諧狀態，且專注在讓自己感覺良好的事物上。

・**Tapped in**：**和宇宙能量連接**。你會感覺到自己在一個很順的狀態裡，同時能與更高意識有深度連結，並從中獲得靈感、指引和支持。

・**Turned on**：**充滿活力和熱情**。感覺自己處在電力十足的開機狀態，對生活充滿動力和興奮，並準備好採取行動。

如果這樣還是很難理解的話，白話文就是讓自己活在你「已經顯化成功」的狀態裡。因為想要吸引什麼，就要先成為什麼。「**Be the energy you want to attract.**」（成為你想要吸引的能量。）

顯化魔法全攻略

前提重點：請不要把這些魔法當作仙丹，覺得「只要我形式上做對了，就會顯化成功」。NO、NO、NO，這些只是幫助你

提升能量的工具。如果你能享受在過程中，並真的透過這些方法提高自己的頻率，那就盡情使用它們吧！但是，如果在做的時候腦中出現一堆雜音，像是：「我這樣有做對嗎？」「這樣做真的有效嗎？」有這些恐懼和懷疑的聲音，那我可以直接告訴你，這些魔法可能對你完全沒用。

那該怎麼辦呢？你可以翻到〈旅程三〉，練習清除限制信念。或者找出最能幫助自己提升能量的方法，像是冥想、聽音樂、唱歌、運動等能讓你快樂的事情。

你是哪種顯化者？

首先，了解自己是哪種顯化者。你可以透過下頁的 QRcode 取得自己的人類圖，找出自己的顯化類型。找到人類圖右邊最下面的箭頭，如果箭頭指向左邊，代表你是具體顯化者；如果指向右邊，則代表你是非具體顯化者。

具體顯化者　　　　　　　　非具體顯化者

人類圖

　　如果你是具體顯化者,顧名思義,具體的細節會幫助你顯化成功。例如:「我夢想中的家在新北市板橋區,六個房間,現代簡約風,客廳有超大的落地窗,外面看得到美麗的河景,坐北朝南。」細節能幫助你感受到顯化成功的興奮感。

　　如果你是非具體顯化者,細節反而會讓你覺得受限、有壓力。你會更注重顯化成功時的感受。例如:「我夢想中的家在新北市,有很多窗戶,採光好、空間大、樓層高,外面有很棒的風景。擁有這個家讓我感到非常幸福、自由、成功和喜悅!」

來做個練習吧!

首先,拿出一張空白紙,想一個你目前最想顯化的願望,然後根據你的顯化者類型回答以下問題:

・具體顯化者:請寫下顯化成功後你看到的具體畫面(越詳細越好,像在編劇一樣),再延伸到這些畫面帶給你的感受。
・非具體顯化者:顯化成功時,你會有哪些感受?

接下來，回到你的人類圖，來看看你是主動還是被動顯化者吧！找到左邊下面的箭頭。

主動顯化者　　　　　　　　被動顯化者

‧箭頭指向左邊＝主動顯化者。
‧箭頭指向右邊＝被動顯化者。

主動顯化者就像《腦筋急轉彎》裡的樂樂一樣，超級享受顯化過程中的每一分每一秒，也熱愛嘗試各種顯化魔法。總是跟著靈感行動，並不斷鼓勵自己：「我離顯化越來越近了！這一切真是太有趣好玩啦！」同時樂於分享你的顯化目標和過程。

被動顯化者則像沒有那麼厭世的阿廢，你對顯化的過程比較低調，喜歡看著一切自然發生，而不太攪和在其中。還沒顯化成功前，你不會透露給別人，專注在顯化反而會讓你感到心累。你完全相信宇宙的安排，明白放下才是王道。

像九粒就是具體被動顯化者，所以在寫顯化時，我會鉅細靡遺地描繪出想要顯化的細節，讓腦袋有更具體的畫面，感受更真實，能量更提升。但在顯化成功前，我可是一個字都不會透露

的,哈!

很多人常常問我:「是不是每天都要一直想著自己想要顯化的東西,然後寫顯化日記、做顯化魔法才會成功?」其實完全不用!如果你在做這些魔法時感到恐懼或焦慮,那就暫時放下,先不要做。這些魔法只是幫助你提升能量的工具,而每個人都有最適合自己的顯化方式。

我剛接觸顯化時也以為每天都要寫、每天都要想。但我意識到當我寫得越多、想得越多,反而越焦慮。於是我開始學會放下,專注當下,結果這些顯化反而來得更快!

直到前年,我才發現原來我是被動顯化者,經常去想我的顯化反而會讓我壓力更大,進而阻礙顯化速度。最適合的顯化方式比我想的還簡單,那就是**放下對顯化的執著,相信宇宙的時間點和安排。**

希望透過人類圖,能幫助大家找到最適合自己的顯化方式。

接下來就是大家最愛的環節啦,小魔女不藏私!獻上這些年我自身試過有效的各種顯化魔法!

客製化顯化

一定要客製化你的視覺化想像,試著跟你想要的顯化互動!假如你想要顯化一個名牌包,就不能只是想像在櫥窗裡面看到這個包包,而是你拿著它出去玩的樣子。

但我知道很多人可能不太擅長想像，所以這招應該可以有效幫助你做這個練習，這可是我私藏的視覺化練習喔！我會想像自己在滑手機，看到自己上傳跟這個顯化有關的限動、貼文或影片。像我之前想要顯化出國，我就會想像出國旅遊後，我把這趟旅遊拍的照片和影片發在社群上的畫面，幫助自己更好做這個視覺化練習。

你也可以用自己的方式創造出屬於你跟這個顯化的互動和畫面喔！只要能讓你的腦袋真的相信這個顯化已經栩栩如生地發生在你眼前（腦袋裡），深刻地體驗到顯化成功後的感受，就是很棒的視覺顯化方式！大膽地發揮你的創意，這沒有絕對的標準答案！

想像出國後將照片發在社群

「恭喜你」顯化魔法

每個人都有最適合自己的學習方式，不管是透過視覺、聽覺，或是觸覺。像我就是聽覺跟視覺學習者，所以我就很愛用這種方式來做顯化魔法。

我會想像當我顯化成功後，最好的朋友跟我說什麼。想要顯化一上架就賣出上千本的《宇宙謝謝你》顯化規畫本，我就會想像跟好友 Bob 說這個好消息，她會回訊息跟我說：「Jolie!!! Congrats!! I'm so so happy for you! You're such a boss ass bitch. You truly deserve it. Let's go celebrate this weekend?」

結果當時一上架，竟然就賣了八千多本！更扯的是，好友 Bob 還真的傳了跟想像中差不多內容的恭喜訊息給我。所以真的不要不信邪！欸，不是！這不是邪！這是自己的力量！

想像一下，你會怎麼跟好友分享顯化成功的好消息？說完後，他們會跟你說什麼？可以把你會說的話和他們的回應寫下來，甚至可以加上他們會傳給你的貼圖，想像他們的語氣，更能幫助自己身入其境！

如果你是喜歡打電話或視訊告知好消息，那就可以想像自己撥出那通電話，看到自己臉上的喜悅及聽到聲音的激動，想像說出顯化成功的好消息，聽到好友給你的稱讚跟祝賀，感受他們跟你一起激動的興奮感。

試著寫出分享顯化成功時
和朋友的對話

17 秒顯化魔法

　　這是由吸引力法則權威亞伯拉罕・希克斯提出的:「17 秒法則」。這個法則就是:**當專注於一個想法 17 秒,你就能啟動它的能量。**也就是說,如果能夠持續一個正面的想法、感覺 17 秒,即可開啟一連串的正能量反應,吸引越來越多的積極事物進入你的生活;如果你能連續四個 17 秒(共 68 秒),這個想法的能量就會更強,進而更可能在現實中顯化。

　　要如何運用 17 秒顯化魔法呢?**當處在好心情或高能量狀態時,正是顯化願望的最佳時機**。例如想像得到夢想中的工作(請自行帶入想顯化的東西),感受那份快樂。接著想像在任職(顯化成

功）的第一天會穿什麼顏色、風格的衣服，怎麼打扮自己。想像你的好朋友們恭喜你找到這麼棒的工作。但記住，這 17 秒內都要保持這些想法，不能有矛盾的想法出來跟它們打架喔！完成後，就放下這個想法，相信它一定會在對的時間點實現。

　　老實說，我原本很猶豫要不要分享這個顯化方法，因為我堅持一定要是自身試過有用的方法，才敢把它寫出來跟大家分享。以前曾經有試過這個顯化方法，但我忘記有沒有顯化成功，結果就在我寫這一段的晚上，剛好推出了我的新歌〈做愛不戀愛〉，我就想來試試 17 秒顯化魔法，顯化這首歌出現在 Spotify 受歡迎的歌單。早上一起來，我讓自己沉浸在想像中的喜悅，想像收到上榜的訊息，並將我又驚又喜激動的表情，分享在限動上。做完這個顯化魔法後，我就 let it go，不再去擔心它什麼時候會發生。結果一個小時後，奇蹟發生了，幫我上架的公司傳截圖給我，我的歌竟然已經在 Spotify 上的「女力爆發」「獨立最前線」的歌單上，甚至還上了 KKBOX「偶爾聽點不一樣」「音樂 Carry Me」「Cheer Up！微笑暖心情歌選」「出乎意料的流量好聲音」的歌單上，而且還在歌單的封面上！只能說你真沒啥好損失的！So why not give it a try?

17秒顯化冥想

夢想顯化桌布魔法

2023 年初，我在腦海中的夢想顯化桌布上放了這些照片：自信的模特兒、十萬追蹤 IG 帳號的截圖、八位數的事業、坐商務艙旅行、大量出貨的場景、攝影棚、落地窗的房子、泰勒絲演唱會的畫面、Netflix 標誌，以及情侶相擁的畫面。沒想到我竟然顯化到了每一個我放在上面的東西，從活出自信的自己、破十萬的 IG 追蹤、夢想中的公寓、理想的伴侶、破千萬的事業，到舉辦我人生中第一場演唱會、坐商務艙旅遊、各種專業高質感的拍攝，甚至是上 Netflix 的創作者實境秀《Let's Feast Vietnam》，而且還代表臺灣獲得第一名！

自從我在 Instagram 分享這個神奇魔法，已經有太多粒寶跟我分享換了顯化桌布後願望逐一實現的奇蹟回饋。現在就來教你如何做出你的夢想顯化桌布！

Step 1. 想想看今年你想要顯化什麼

一定要是「B.H.S.」，意思是你要顯化的東西，一定要是 Believable（可信的）、Heartfelt（觸動你心的）、Specific（具體的）。你可以手寫下來，或在手機上打出今年想完成的目標。

・Believable（可信的）

當看到這個目標的時候，你的腦海不會出現：「屁啦！怎麼可能！」這些不相信自己的鬼話，而是：「我相信一定做得到！」

・**Heartfelt（觸動你心的）**

你必須對這個目標很有感覺。看到這個目標，就像看到自己喜歡的對象一樣，心裡面會 Doki Doki 小鹿亂撞。必須是你想要到不要不要，還會奮不顧身奔向它的那種。記得問問自己：「為什麼這個目標對我來說這麼重要？為什麼非這個目標不可？」這樣每次看到這個目標的時候，才會更有動力。

・**Specific（具體的）**

〈旅程一〉中我就有跟大家說具體的重要性。你的目標是賺錢，那想要賺多少錢？我當時的顯化桌布上，就很具體地放十萬追蹤的 IG 頁面和八位數的事業。**因為目標越具體，越可以幫助你想像，進而提升你的感受及能量，更快達到顯化。**

Step 2. 運用 Pinterest，蒐集代表你顯化成功的圖片

例如你想要很棒的戀情，可以運用 Pinterest 找一張讓你看了會粉紅泡泡的情侶照，有些人還會把別人的臉換成自己的臉，讓自己更有想像空間。也可以請 ChatGPT 幫你製作出顯化成功的圖片。

Step 3. 到 Canva 把這些圖片製作成自己喜歡的夢想顯化桌布

例如想賺大錢，你可以截圖你的銀行帳戶，把想要看到的數字改到上面，我個人習慣用 Canva 改。你可以將圖片設計成自己喜歡的格式，或是搜尋：「Vision Board Phone Wallpaper」，

就會出現很多模板。九粒也有自己整理出幾個夢想顯化桌布的模板給大家使用。

夢想顯化桌布模板

你可以把夢想顯化桌布製作成手機桌布、電腦桌布或是相框等，形式沒有限制。

Step 4. 加上正能量咒語

在圖片加上相對應的正能量咒語或是顯化到這個目標會有的感受，來幫助你更快速地提升感受及能量。

假如你想要顯化金錢，你可以在象徵你財務自由的圖片加上：「I feel wealthy.」（我感到很富有。）

你想要顯化愛情，你可以在象徵你找到夢想伴侶的圖片加上：「I'm loved.」（我是被愛的。）

Step 5. 每次看到夢想顯化桌布，就做個迷你視覺化練習

每當看到夢想顯化桌布，請給自己 17 秒鐘的時間，閉上眼睛，想像桌布上的這些東西都已經是你的了，認真感受顯化成功後的感動跟興奮，並表達你對宇宙／上帝／神明／任何你相信的更高存在的感激：「謝謝你！讓我活在這麼棒的人生裡！我真的好感激我所擁有的一切。」

但是如果你發現自己會越看越焦慮,或是出現「為什麼還沒有實現?」的聲音,請你把夢想顯化桌布收起來,為什麼呢?因為當你產生焦慮能量時,就越沒有辦法顯化。除非你百分之三千地相信放在夢想顯化桌布上的東西就注定是你的,你完全不擔心什麼時候會來,反而看到桌布是充滿興奮跟期待,那就可

以繼續將桌布放在你看得到的地方幫助顯化。

一定要讓自己的 Vibe 是：**我超級不擔心它什麼時候來，因為我忙著享受我的美好人生！而且注定是我的東西，一定會在最完美的時機出現！**

全方位感官視覺化魔法

我們生活中出現的任何東西，一定都是有人在腦海中已經視覺化出它的樣子，才會有這個產品，千萬不要小看視覺化的力量！如果你不知道怎樣運用視覺化想像，下列這個方法可以幫助你。

利用 6W1H（What/Why/What/Who/When/Where/How）的問答，來創造你顯化成功的畫面。

首先，問問自己：

・What do I want?（我想要的顯化是什麼？）

例：我想要顯化買 50 坪，至少三房以上，落地窗、採光好、風水好、地段好的房子。

・Why do I want it? Why is this important?（我為什麼想要這個顯化？為什麼這個顯化對我來說這麼重要？）

例：我想要買這個房子，因為它象徵穩定、成功、自由，擁有它可以讓我和家人更有安全感、歸屬感跟幸福感！

接著，開始做你自己的人生編劇。寫得越詳細，成真的機率越高！我想邀請你運用以下問題來幫助你描繪你的顯化劇本，

想像當你顯化成功後,其中一個美好的一天會是什麼樣子:

・What are you doing?(你現在在做什麼?)

例:剛起床,準備開啟美好的一天。

・Who is with you?(有誰在你旁邊?)

例:我的伴侶+我家的貓咪哺比。

・When is this?(這個場景大概發生在何時?)

例:最舒服的秋天,大概十一月左右的早晨。

・Where is this?(這個場景發生在哪裡?)

例:我們夢想中的家。

接著,利用「五感顯化魔法」進入細節,讓這個場景更栩栩如生:

・What do you see?(你看見什麼?)

例:陽光灑進我們落地窗的客廳,外面是美麗的風景。我和伴侶抱著哺比,準備親牠。

・What do you hear?(你聽到什麼?)

例:聽到讓人放鬆的輕音樂和另一半有說有笑的對話。

・What do you smell?(你聞到什麼?)

例:聞到伴侶煮好的咖啡香味。

・What do you taste?(你嚐到什麼?)

例:嚐到早上起來都會喝的溫水和吃的維他命軟糖。

・What do you touch?(你摸到什麼?)

例:摸到哺比毛茸茸的身體。

顯化成功示意圖

　　最後，也是最重要的顯化關鍵：How would you feel? 顯化成功後，你會有什麼感覺？ 這才是顯化的祕訣所在！並不是你寫了什麼在清單／劇本上，而是你寫下它們時感受到的高能量情緒！例如：顯化到這間房子的我會感到快樂、自信、自由、滿足、安全、穩定，並為自己感到驕傲！

　　寫完後，我會把這些資訊整理成一個劇本或是把畫面畫出來。完成後，閉上眼睛，讓自己沉浸在那個畫面裡，彷彿進入了顯化成功的平行時空。我知道這聽起來有點困難，但相信我，這並沒有你想像的那麼難。九粒特別錄製了一個視覺化引導練習，你可以掃描下頁的 QR code，跟著我一起做。很多粒寶做完後，都會回來跟我分享他們不可思議的顯化奇蹟哦！

視覺化引導練習

請運用本書所附的《顯化養成魔法手帳》，寫下你的顯化成功劇本吧！

滿足、幸福
自信、成就感
榮耀、愛
有安全感的
驕傲、自由

感激、興奮、激動
平靜、充滿力量的
慷慨、狂喜、熱情
充滿活力的
喜悅、輕盈

P.S. 如果真的想像不出來，也可以請 ChatGPT 幫忙！

【ChatGPT 指令】

先將 6W1H 及五感的問題都簡單回答出來，接著輸入指令：「請幫我依照以下資訊，寫一個顯化成功的我的一天（附上十二個問題的答案）。」等它寫完後，再加上：「請幫我畫出這個畫面。」就完成囉！

回憶錄魔法

　　九粒就是因為分享了這個回憶錄魔法，才正式成為大家口中的顯化小魔女。大家試過後也發現驚人的效果，才會覺得這個稱號實至名歸。接下來就要 step by step 教你如何寫出自己的顯化回憶錄。

1. 設定目標和願望
・今年想達成哪些目標？實現哪些願望？
・跟宇宙下訂單！越具體越好！
・記得一定要是自己相信可以達成的哦！

2. 想像顯化成功的未來
・想像自己坐時光機去到今年年底／一年後，看見自己達成這些願望後的生活。
・描繪出顯化成功後的畫面，越生動越好。

3. 書寫感激
・拿出一張紙或是筆記本書寫。
・用完成式＆過去式寫你的回憶錄（因為你已經穿越時空到今年底／一年後，你所有的想要都已經實現了）。
・寫出顯化成功後的具體感受和經歷（就像是在寫自己的成功回憶錄）。
・利用前面提到的「6W1H」和「五感」幫助自己創造畫面。

・把自己當成編劇,讓畫面和感受盡可能真實。
・寫到詞窮也別擔心,趕快向 ChatGPT 求助!

【ChatGPT 指令步驟】

〈指令1〉:

「我今年的顯化願望:

(你的願望)＋(證明你顯化成功看到、聽到、體驗到的東西)＋(這讓我感到＿＿＿＿＿)。」

例如:

我今年的顯化願望:

① 年收入破百萬!我終於看見戶頭數字變七位數啦!我感到好豐盛、好富有!

② 跟伴侶一起去大阪過年!伴侶在日本還幫我買了好多喜拿狗讓我很驚喜,我們拍了好多好可愛、好喜歡的照片。吃了好多道地的美食!我感到好幸福、好被愛、好浪漫～～

③ 賣出破萬本的宇宙聯絡簿!每次上架就賣到缺貨!看到後臺數據已經賣超過一萬本!我感到好有影響力、好被支持!

　　完成後,再加上:「請替顯化成功的我,寫一個真實清晰、有生活感、讓我身入其境的回憶錄,讓我真切感受到每個願望實現的畫面。」等它回答完後,再給〈指令2〉。

〈指令2〉:「請幫我畫出這個畫面:(貼上 ChatGPT 幫你針對

此願望寫出的故事）。」

建議是針對每個願望請它畫圖，不要全部願望都一起畫效果會更好哦！

在回憶錄書寫的結尾，我喜歡加上：「謝謝你！我做到了！」（各說三次更好），來表達我的感謝及再次提醒潛意識這件事情已經實現了！

4. 視覺化冥想

・請掃描下方的 QRcode 跟小魔女一起冥想。
・閉上眼睛，想像自己坐上時光機，去到一年後的今天。
・重溫顯化成功後的各種回憶，感受滿滿的感激跟正面情緒。
・想像的畫面越清楚、越具體，越能夠提升內在頻率。

回憶錄魔法

5. 感謝宇宙和自己

・完成冥想後，對宇宙及自己表達感謝：「真的很謝謝宇宙和自己所做的一切。我愛你們！」
・把書寫的內容收藏好（放在一個自己不會一直去看的地方）。

6. 行動與放下執著

・相信自己的直覺，採取與顯化成功的你一致的行動。

・放下對顯化過程的執著,相信一切會在完美的時間和地點發生。
・若未按時實現,相信宇宙一定有更好的計畫。

7. 練習每日感激
・每天練習感激,幫助提升能量。
・能量越高,顯化速度越快。
・學會適時調整能量,透過感激回歸狀態。

> **TIPS!** 貼心小提醒:
> 拜託不要寫「我希望……」「我想要……」
> 這樣說為什麼會阻礙顯化呢?想想看,當你說出「我希望可以變瘦」「我想要有錢」時,下意識其實是在說「我不滿意我現在的身材」「我沒有錢」,潛意識就會專注在這個「你沒有」的匱乏狀態,進而顯化更多你專注的「沒有」來到你的人生。

情書魔法

如果想要顯化愛情,恭喜你!你一定會愛死這個魔法!這就是在國外超級夯的「情書魔法」!因為看到太多成功

經驗的分享，讓充滿實驗精神的九粒也忍不住試試看。

　　不太記得我是多久以前做這個情書魔法，但最讓我驚訝的是，我現在的另一半竟然真的說出了我當時在情書裡寫下的內容。我記得當時大概寫了：

> Dear Jolie,
> I love you so much. How am I so lucky and blessed?
> I'm so thankful to have you in my life.
> You're so beautiful and talented.

　　結果就在今年的情人節，我收到另一半的這個訊息：

Hi, 戚宏菱🥺
情人節快樂💕

沒想到我的時區比妳早
竟然是妳先祝我情人節快樂的
真的從沒想過我會有這樣的一日
真心覺得自己好幸運好幸福🥰

謝謝妳讓我體會到我可以這麼被愛
謝謝妳給我那麼多的自信跟自在
謝謝妳那麼願意跟我溝通及磨合
謝謝妳總是那麼有耐心的引導我表達自己的想法與情緒
謝謝妳也這麼願意付出以及表達愛
謝謝妳不辭辛勞的給我信任及安全感
謝謝妳讓我覺得我也可以是他人這麼重要的一個存在

特別感謝
謝謝 Jackie 跟柯柯勇敢地向我揮手👋
謝謝妳在 SNM 給自己一次機會認真看才看到了那時候快睡著的我🤭
謝謝老天爺讓我遇到了一個這麼漂亮這麼有才這麼厲害又跟我的價值觀這麼合的女孩
謝謝所有的天時地利人和促成了我和你的相遇、相識及相愛

I WUV YEW W MY WHOLE 💙, JOLIE
HAPPY VALENTINE'S DAY 💗🧡💛🤍

　　你的下巴是不是已經掉下來了！沒錯，真的就是這麼神奇！廢話不多說，馬上教你怎麼做！

Step 1. 準備紙和筆

選支好寫的筆和自己喜歡的信紙尤佳。

Step 2. 給自己寫一封情書

你要從夢想中另一半的視角寫這封情書給自己。換句話說,就是假裝你是對方在寫情書給你。想一想,你最想聽到這個伴侶跟你說什麼?把這些話寫下來。例如:

親愛的(你的名字),
我真的超愛你!遇見你是我這輩子最大的幸運!
你讓我感到前所未有的快樂和幸福。
我等不及跟你一起創造我們的未來啦!

在寫這封信的時候,一定要相信自己就是那個愛上你的另一半。我要你在寫的過程中感受到:「哇～～我的另一半(也就是你自己)真是太棒了!」搞不好還會在寫的過程中不小心煞到自己的那種。

如果你沒這麼浪漫也沒關係！直接請出 ChatGPT：

【ChatGPT 指令】

「我希望我夢想中的伴侶可以看見我的：＿＿＿＿＿＿＿＿＿（特質），請你替他／她寫一封情書給我。」

Step 3. 好好讀這封情書，然後把它放在枕頭下共眠

寫完後，想像另一半偷偷把這封情書放在你的桌上。你好奇地打開它，讀給自己聽。在讀的過程中，讓自己沉浸在那份心動、被珍惜與幸福的感覺中。讀完後，把情書放在枕頭下一個晚上。

Step 4. 早上起來再讀一次

早上醒來後，想到昨天伴侶的那封讓你心臟撲通撲通跳的情書，你興奮地再次打開重讀一遍，重溫那份幸福感。

最後也是最重要的：一定要相信那個對的人已經在路上了。先照顧好自己，準備好自己，這樣對的人才能更快找到你。

對了！如果你不需要顯化愛情，想要顯化其他東西，可以想像顯化成功後，那些相對應的人會傳給你的訊息或信件，像是如果想要顯化錄取什麼工作／考上哪個學校，就可以他們的視角寫一封錄取通知信給自己。以此類推。

身體顯化魔法

你知道可以透過過去曾經有的身體感受來幫助自己顯化成功嗎？首先，選出一個你想要的顯化。

1. 如果這個顯化實現了，你會有什麼感受？你會做什麼？

想像一下，當這個願望實現時，內心會有什麼感受？會感到興奮、喜悅、驕傲還是感激？會做什麼行動來表達這些情感？把這些感受記錄下來。

2. 過去有哪些經驗讓你有這些感受？

回想你的過去，有哪些時刻讓你感受過類似的情感？這些經驗可以幫助你更真實地體會願望實現時的感受。

3. 讓自己的身體重新活在那個體驗裡

這就是如何成為你想要吸引的能量的絕招。閉上眼睛，深呼吸，讓自己完全放鬆，想像你正在重新經歷那個美好的時刻。感受身體的每一個細胞都充滿了這些正面的能量和情感。

4. 放輕鬆，耐心等待顯化來到身邊！

相信這些美好的事情已在路上。保持放鬆和開放的心態，讓這些感受成為你日常生活的一部分。

舉例：
①我想要顯化錄取我夢想中的工作！
②當收到錄取通知，我應該會激動到哭出來，還會不由自主地跳起來，感到超級驕傲和充滿感激！
③記得念大學時參加了英文演講比賽，當得知自己是第一名時，我也是激動地跳了起來，眼淚直接感動到掉下來，感到無比驕傲和感激。
④閉上眼睛，讓自己重新回到那個體驗，沉浸在當時的感受裡。
⑤完成後，手放在心上，告訴自己：「我值得擁有這些美好的感受和體驗，這些體驗都會在對的時間點來到我的生命中。」

身體顯化魔法

音樂顯化魔法

　　分享一個九粒從好久以前就會做的提升自信魔法，那就是把自己當成電影裡面的主角，在腦中播放自己的主題曲，那種會讓自己感到超自信的音樂。

　　像是在過馬路的時候，我腦中就會播放：「I'm a boss ass bitch, bitch, bitch, bitch,

bitch, bitch, bitch...」這首歌，讓我覺得自己就是全世界最屌的女人，瞬間感覺自己是全場的焦點，哈哈。

也因為這樣，我常常收到很多人的稱讚：「妳的氣場好強！妳真的自帶光芒欸！」音樂可是很強大的工具，你應該有發現自己很容易因為聽不同的歌而產生不同的情緒，對吧？

因此可以利用這一點，透過音樂幫助我們快速提升情緒能量！不開玩笑，我甚至還用音樂成功顯化到我的另一半！

作法超級簡單：
1. 首先釐清顯化成功後，你會有的體驗跟感受。
2. 找出會讓你感覺自己有這些體驗跟感受的歌。
3. 蒐集整理成歌單。
4. 循環播放這些歌，讓自己沉浸在這些感受裡。
5. 充滿自信及信心，相信你的顯化已經是你的現實。

當時蒐集了讓我有滿滿粉紅泡泡的歌，像是泰勒絲的〈Sparks Fly〉、江語晨的〈浪漫愛〉（完了，是不是透露年紀了），一有空就會狂聽，讓自己就算單身，也可以隨時充滿戀愛感。結果不到一個月，我就用最神奇的方式認識了現在的另一半。直接送給大家我的顯化歌單！

顯化夢想歌單　　　　　　顯化愛情歌單

顯化成功的你會怎麼做？

　　常常有人問我到底要怎麼顯化減肥？我就問，當你說出「我想減肥」的時候，覺得自己專注在什麼上面？是不是「我很胖」的這個想法上？顯化法則就是你專注的想法會顯化，如果一直專注在自己很胖的想法上，自然而然就會顯化更多的胖來到身邊。因為顯化法則中的重要原則是：**無論你專注於好的還是壞的想法或信念，都會顯化更多類似的情況進入你的生活**。當持續專注在「我很胖」這個想法時，會不自覺地強化這種信念，甚至會在行為和選擇上也反映出這個信念。例如你可能會更傾向選擇不健康的飲食、不運動，或因為覺得自己身材不好而感到有壓力，最終導致暴飲暴食。

　　假設身體是會陪伴你走一輩子的好朋友，然後你天天跟這個好朋友說：「你好醜、你好胖，你是豬嗎？」他會做何感想？他難道不會被你搞到得憂鬱症嗎？他肯定會因為你傷人的話而感到難過，進而讓自己更沒有動力做任何事情，甚至需要透過飲食來得到安慰。

　　如果不先學習愛你的身體，你的身體也不會愛你。可以想想看，如果你的身體是你的好朋友，你會怎麼愛他？你可能會

說,我就是沒辦法愛上他。那我們反其道而行,當你愛一個人的時候,你會做什麼?好好地照顧他,對吧?那我們就先從學習照顧他開始。想一想,那個擁有夢想身材、最自信美麗的自己,會怎麼選擇吃的食物、生活方式、說話方式?

當你開始要嫌棄自己的時候,停下來問自己:

「那個最自信美麗的自己會這樣跟自己講話嗎?如果不會的話,那他會說什麼?」

當你開始要暴飲暴食的時候,停下來問自己:「那個最自信美麗的自己會這樣吃嗎?如果不會的話,那他會怎麼做?」

當你開始沒動力運動的時候,停下來問自己:「那個最自信美麗的自己會選擇不去運動嗎?如果不會的話,他會跟自己說什麼讓自己更有動力去運動呢?」

如果沒有辦法想像那個最自信美麗的自己也沒關係!可以想像你的 Role Model。假如你很喜歡珍妮佛・羅培茲的身材,就可以問自己:「What would Jennifer Lopez do?(這時候,珍妮佛・羅培茲會怎麼做?)」相信我,這招不管是什麼主題,真的屢試不爽!

P.S. 當然這些都是加速顯化的輔助工具,行動跟信念的改變才是顯化的關鍵!

旅程三

整理內在空間

宇宙:「你這裡這麼亂,我連門都打不開!」

我到底看了什麼?

為什麼一直吸引到不想要的東西？

很多人不相信顯化和吸引力法則，是因為誤以為我們只會吸引／顯化到好的人事物，但事實並非如此。吸引力法則＝什麼能量吸引什麼能量，所以如果你的核心能量是處於低能量，你自然而然會吸引到相對應的人事物。顯化則是你的信念成為現實的過程。如果你的信念都是對你不利的，那麼你顯化的實相也會如此。

What you focus on expands.
（你專注的事物會擴大。）

而我們太習慣專注在不想要的東西上。有沒有發現，比起想要什麼，我們更習慣說出不想要什麼。「我不想要變胖」「我不想要生病」「我不想要失敗」，但潛意識其實無法理解否定句。知名作家賽門・西奈克曾分享過一個絕佳的例子來證明這一點：現在我叫你「不要想大象！」此時，你腦中出現的是什麼？應該就是那隻我剛說不要去想的大象吧？

潛意識專注的是圖像跟情感，所以當你說「我不想要生病」，或是不想要某某東西的時候，它可能只會專注在「生病」和那個「你不想要的東西」的圖像和感受上。

顯化就是當你的潛意識專注並相信什麼，就會出現什麼。如果經常不小心把注意力放在那些你不想要的事物上，你就很有可能會無意間顯化更多這些事物進入你的人生。那到底該怎麼說才對啦？其實很簡單。當你說「我不想變胖」時，真正想要的是什麼？健康苗條的身材，對吧？所以你可以說：「我可以擁有健康苗條的身材。」

舉例：

我不想要變胖。
・我可以保持健康的體態。
・我可以保持著均衡的飲食和良好的運動習慣。

我不想要沒錢。
・我的財務狀況是穩定且持續成長的。
・我每月都有充足的收入和存款。

我不想要單身。
・我值得擁有一段幸福快樂的感情。
・我可以吸引到適合我的伴侶。

我不想要生病。
・我擁有強大的免疫系統跟身體。
・我的身體正在不斷地自我修復與強化。

我不想要再衰下去了。
・我走到哪裡，好事就跟到哪裡。
・我總是不斷遇見對我有利的機會和資源。

想要吸引什麼，就先肯定什麼。但我知道你一定會想：「可是說這些肯定句根本就是在自欺欺人！又不是真的，我怎麼可能說得出口？」

這時候，只要加上「**我願意相信……**」這幾個神奇的字，你就不會覺得自己是在騙人了吧？如此一來，你就能透過話語的力量改變你專注的事物，進而讓潛意識幫助你顯化真正的想要。

如果你想不到該如何轉換成更正面的思考，

別擔心！ChatGPT 很會！

【ChatGPT 指令】

「我的負面信念是＿＿＿＿＿＿（輸入你的負面信念）。請給我 10 個相對應的正面肯定句，幫助我轉換這個信念。」

如果 ChatGPT 的回答正面到你想打它，你可以加上：「請給我中性一點的正面肯定句。」

不願改變的真相：
因為你有太多好處可以拿！

　　小我為了保護我們，會自動產生一些解釋和信念幫助自己生存，而這些信念就會被儲存在潛意識中，影響我們的行為和反應。顯化不成功，很有可能是因為你的小我在保護你，避免接觸到不熟悉和有風險的狀況，因為小我對於這些事物會感到不安全和恐懼。

　　有一次，我好不容易在幾百人的音樂選秀節目中脫穎而出，被選上參加第一集，結果我竟然在前一天確診人生第一次的COVID-19。當時的我錯愕死了，心裡唱著：「別人的性命是框金又包銀，阮的性命不值錢⋯⋯」怨嘆道：「宇宙，你怎麼可以這樣對我？」

　　後來只要有這種「為什麼要這樣對我？」的聲音出現，我就知道：「叮叮叮！限制信念出現啦！」我一定有關於這件事的限制信念隱藏著，才會顯化這件事。後來發現，原因是我太害怕自己表現不好、太害怕自己被刷掉、太害怕失敗，導致我的小我透過生病來「保護」我，讓我不用面對這些失敗的可能性。

　　再跟你分享另一個我更可怕的信念。不開玩笑，我一年大概會感冒或受傷至少十次以上，為什麼呢？以前常常覺得「哎，一定是我身體不好」「一定是我太衰、太虛弱」，但其實我並沒

有什麼重大疾病。在學習顯化的路上才發現，我的小我竟隱藏著一個好可怕的信念⋯⋯

因為小時候媽媽酗酒又患了憂鬱症，我發現唯一能讓她全心全意專注在我身上的方式就是生病或受傷，所以我得到了一個恐怖信念，那就是：只要我生病或受傷，就會被愛。因為這個信念，我就不斷顯化這些病跟傷，因為我可以從中得到好處。很變態，對吧？

所以你可以想一下：

1. 如果維持現狀，對我有什麼好處？
2. 如果顯化到我想要的，會有什麼不好的事情發生？

（這兩個問題將幫助你找出隱藏在黑暗中的限制信念。）

像是：

1. 如果確診，對我有什麼好處？

我就不用面對失敗，我就不會丟人現眼。

2. 如果顯化到成功上節目，會有什麼不好的事情發生？

我可能第一集就被刷下來，我會覺得自己很沒用、沒才華、很失敗。比賽的時候，可能會收到很多批評。面對很大的競爭壓力，我不知道承不承受得住。

隱藏的限制信念：

生病可以讓我避免失敗和丟臉。我是沒用的、我沒有才華、我很失敗、我會被批判、我承受不了競爭壓力。

1. 如果一直生病，對我有什麼好處？

我就會一直得到親朋好友的愛跟照顧。

2. 如果顯化到健康的身體,會有什麼不好的事情發生?

我可能就不會這麼被愛了,生病的我才是被愛的,我本身是不被愛的。

不知道自己有哪些限制信念的話,就請教 ChatGPT:

【ChatGPT 指令】

「請問根據我以下的想法,我有哪些限制信念?
＿＿＿＿＿＿＿＿＿＿＿(輸入你前面兩題的回答)」

拿掉你的所有定義

前面有提到每個人都有自己的自我概念,但你知道我們都被自己的定義給限制住了嗎?最近去美國進修一個自我突破的課程,老師提到:「我們都帶著過去的濾鏡過生活,人類都被自己的經歷所產生的定義和迷信給限制住了。」

例如因為常常吸引到渣男,所以你定義自己是個「渣男磁鐵」,導致你認為認識的每一個男生都一定是渣男,使你帶著恐懼去面對每一個認識的人,錯失了與好的人建立連結的機會。

因為過去常常吸引到雙子渣男,所以萌生出「雙子座的男

生都是渣男」這個迷信的想法→導致你拒絕認識所有的雙子男，也很可能就此錯過了適合的對象。

我們把這些定義跟迷信當成現實，殊不知它們才是限制我們顯化的罪魁禍首！也就是說在創造出任何可能性前，必須先找到這些東西，才能活出我們想要的人生。

你可以做這個練習：
把所有常常為自己冠上的負面形容詞寫下來，並做出調整。
・我覺得我是一個＿＿＿＿＿＿＿＿的人。
再把它轉成：
・我意識到自己常常體驗到＿＿＿＿＿＿＿（負面體驗），
但我知道這些都是讓我變得更好的學習。
例如：我覺得自己是一個失敗的人。
我意識到自己常常體驗到失敗的感覺，
但我知道這些都是讓我變得更好的學習。

練習切割「用過去不好的經驗來定義自己是什麼」的這個壞習慣，因為當你直接論斷這件事，就看不到其他可能性！**想要顯化成功就要不斷覺察自己活在什麼限制裡**，這樣才不會被這些信念綁架。要做到這一點，需要先拿掉對所有人、事、物的既定

定義，並用一種「Baby Mindset」（**嬰兒心態**），就像是一張空白的畫布去看待所有事情，才能創造更多可能性。

之前去進修的時候，聽到一個讓我印象超深刻的故事。老師說有一個淹水的村莊，當水退了以後，村裡的人發現，有個人還緊緊抱著浮木不敢放手，連腳都不敢著地。村裡的人都向他喊著：「可以下來了！已經安全了！」但他還是死抓著不放。直到有個人過去和他一起抱著浮木，然後問他：「你為什麼一直抱著浮木呢？」他回答：「因為我放手就會死掉。」從這裡我們可以看出，他對當下的定義，也就是他執著的相信：「我是不安全的，放手就等於死亡。」

游過去的人接著問：「那你現在感覺怎麼樣？」

「我覺得好累，好像快撐不住了……」

「那你會想要改變嗎？」

「當然想。」

「那你現在願意做的一個小小改變是什麼？要不要試試看把腳伸直呢？」

抱著浮木的人猶豫了一下，然後慢慢地將腳伸直，碰到地面後驚訝地說：「水真的退了欸！」

這個故事告訴我們，當緊抓著「浮木」——也就是自己生出的定義、故事、信念時，我們會覺得它是唯一的安全感，即使旁人完全看不懂你到底在幹麼。但如果我們願意嘗試放鬆、採取不同的行動和信念，就會逐漸看到全新的世界。

當發現自己又在抱著浮木，做著不利於自己的事情時，通常意味著你已經賦予這件事一個特別的定義，讓你覺得它比其他選擇更有利。巴夏說過：「**任何事情本身都沒有意義，意義是我們賦予的，因此我們才會有那樣的感受。**」

只有當深入了解自己賦予的意義時，才能真正釋放自己。也千萬不要去批評或否認自己的定義，唯有接納和承認它們的存在，才能開始轉化這些限制，走向真正的自由。

如果你發現自己還是找不到答案，可以求助 ChatGPT！

【ChatGPT 指令】

「_____（描述發生的事），我感覺到_____（描述你的感受），我害怕／擔心_____（描述你出現的想法）。請問我可能有哪些限制信念？」

「我的信念是_____，請問這個信念可能給了我什麼隱藏好處？」

Bashar: "How you define them is how you experience them."
巴夏：「你怎麼定義它，就會怎麼體驗它。」

你的信念正在控制你的顯化

我們的每一個行為、感受和想法，都深受信念系統的影響。這些反應不會無緣無故地出現，背後一定有你深信不疑的信念在驅動。例如，當另一半沒有即時回覆訊息時，你可能會習慣

性地不停檢查手機,內心充滿焦慮、不安,甚至浮現恐怖的畫面,開始懷疑:「他是不是不愛我了?我是不是做錯了什麼?」這些反應的背後,其實是你深信:「我是不被愛的,我會被拋棄。」正是這些限制性信念,讓你產生了這些行為、感受和想法。想要清理限制信念,首先我們要了解什麼是限制信念。限制信念,就是我們對自己和這個世界的錯誤認知,它們都是由小我的恐懼所構成的謊言。**當能夠意識到這些信念其實是謊言,並認清事實的時候,我們才有能力化解這些限制信念。**

舉個我個人最有感的例子。2020 年疫情爆發，我決定回國避難。當時月收入不到臺幣三萬，因為疫情的關係，收入也非常不穩定。我發現一件神奇的事——我銀行戶頭裡的錢永遠不會超過三十萬，只要一超過，錢就會開始莫名其妙地減少。後來，透過我的希塔老師 Yuni 幫我做「O 環測試」（肌肉測試），才發現我的潛意識竟然覺得自己只值得擁有三十萬。正是這個信念在作怪，每次當存款達到三十萬時，潛意識就會操控我：「嘿，妳不配擁有這麼多錢，趕快花掉吧！」於是，我就會下意識地把這些錢花掉。

　　後來，我有意識地開始調整這個信念，從「我值得擁有五十萬」到「我值得擁有一百萬」。隨著信念的改變，我從原本一堂只賺六百塊的英文課，顯化到一個月就賺進百萬的 VoiceTube 線上英文課程，還發展出英文命名服務，讓月收入翻了好幾倍。

　　最終，透過這個改變信念的過程，我的顯化手帳品牌 SuperMero，在去年顯化出了破千萬的營收。所以，當我們的信念系統改變，顯化結果也會隨之改變。信念決定了我們的行為、感受和想法，只要敢於挑戰並升級自己的信念，生活的可能性就會不斷擴展。如果我做得到，你一定也可以做到。

　　Change your beliefs, change your life.
　　（改變你的信念，改變你的人生。）

📣 **TIPS!** 想知道如何用「O環測試」找出自己的美制信念？搜尋九粒的 YT 頻道：〈三個方法，測出你的潛意識，甚至是前世！〉裡面有詳細教學喔！

練習區：

先想一個你最渴望的顯化，

然後在自己的筆記本或白紙上回答以下問題：

1. 我最想要顯化的目標是？
2. 當我想顯化這件事時，心裡有出現哪些負面的念頭？
3. 我可以如何將這些限制信念轉成正面的？
4. 如果我相信這個正面信念，會如何行動？

舉例：

1. 我最想顯化的目標是：自己創業！
2. 當想到要自己創業時，心裡跑出哪些負面想法／信念？
   - 「競爭這麼激烈，我沒資源也沒經驗，怎麼可能成功？」
   - 「如果失敗了，怎麼辦？」
   - 「成功的人早就把市場占滿了，哪還有我的位置？」
3. 我可以怎麼把這些想法轉成正面的？
- 「競爭激烈代表市場充滿機會，我的創意和熱情就是我的資

源！經驗是可以累積的，成功從行動開始。」
- 「失敗只是學習的機會，每次嘗試都讓我離成功更近一步。我有能力在失敗中成長，並找到更好的方法。」
- 「市場無限大，獨特性會吸引到屬於我的那群人。成功不是占有，而是找到自己的位置，創造屬於我的價值。」

不知道怎麼將它們轉為正面信念，讓 ChatGPT 幫助你！

【ChatGPT 指令】

「請將這些負面想法／信念改成正面可信的信念：_____（附上你的負面信念）。」

4. 如果我相信這些正面信念，我會如何行動？
- 請教有創業經驗的親朋好友，並且尋求意見。
- 主動參加相關的活動，拓展人脈，了解市場趨勢。
- 做一個清楚的計畫，設定短期目標，一步步向前邁進。
- 投資自己，透過上課和培訓，提升自己的技能和知識。
- 不斷創新改進自己的產品或服務，靈活應對市場需求。

如果你不知道可以做哪些行動，可以跟 ChatGPT 說。

【ChatGPT 指令】

「我想_____（目標），我目前的處境是_____。我希望灌輸這些正面信念給自己：_____（剛剛翻轉的正面信念）。請提供相對應能幫助我達到目標的具體行動。」

科學視角解密：
信念真的能創造現實！

　　如果你是理科腦，用比較科學的角度來說，就是透過想像讓大腦相信自己的目標已經達成，這種現象稱為「自我實現預言」或「期望效應」。

　　「自我實現預言」：指人們的期望或信念會影響他們的行為，使這些期望或信念最終成為現實。例如，如果堅信自己能成功，這種信念會驅使採取相對應的行動，間接幫助你達成目標。舉一個最經典的例子，就是地表最強籃球員麥可・喬丹，他常常在訪談裡談到自我實現預言的重要性。儘管在高中時被校隊拒絕，但他始終相信自己能成為偉大的籃球運動員。這種信念促使他更加努力訓練，最終成為籃球史上最偉大的球員之一。

　　因為媽媽憂鬱症的關係，我在很小的年紀就很渴望帶給母親快樂，也因為這個經歷讓我發現：「我就是要來改變世界的。」從小我就相信，一定能用自己的力量讓這個世界變得更快樂。回顧曾經從事過的職業，不論是演員、單口喜劇、英文老師、自媒體創作者，還是創業家，每一條路上，我的初衷始終如一──透過我的聲音和創作，傳遞快樂。而事實證明，我也的確做到了。

　　「期望效應」：當你相信某件事會發生時，你的行為和態度會朝著那個方向發展，從而增加那件事實現的可能性。例如，

學生如果相信自己能考好，就會更加努力地學習，從而考出好成績。著名的羅森塔爾實驗中，研究人員告訴老師某些學生是「潛力股」，但其實這些學生是隨機選擇的。結果，老師對這些學生抱有更高期望，給予更多的關注和支持，最終這些學生的成績顯著提升。

從小我就有明星夢，而媽媽一直對我的潛力充滿信心。她不僅給了我很多栽培和支持，還經常提醒我：「如果妳以後要簽約，我只會讓妳簽給這個『超大咖的經紀人』。」這句話深深烙印在我的心裡，成為了我的目標。

想不到，十三年後，這位「超大咖經紀人」居然在一個英文 APP 的 YouTube 廣告上發現了我，並決定簽下我！這聽起來像是一個偶然的巧合，但其實背後隱藏著期望效應的力量。

媽媽從小對我的期望，讓我在無形中更加關注這位經紀人，心裡一直默默準備著自己，好讓有一天能夠被他看見。這種期望不僅成為了我的一個指引，也潛移默化地提升了我的自信心。於是，當機會來臨時，我不但積極爭取，還表現出最好的狀態，最終簽下了夢寐以求的合約。

這就是期望效應最好的例子──當你或別人對你的期望很高時，那股力量能激發你的潛力和行動，促使這些期望變成現實。

總結來說，透過想像讓大腦相信目標已經達成，主要是利用這些心理效應來增強自信和動力，從而更積極地追求並實現目

標。如果你相信顯化與平行時空,從平行時空的角度來看,當強烈渴望實現某件事時,這意味著在某個平行時空裡,已經有一個成功實現這個顯化的你存在著。這個想法來自平行宇宙的理論——在那裡,每一種可能性和結果都同時存在。

因此,當你將思想、感受和行動與這個版本的自己對齊,就能顯化那個現實進入你的時間線。你的願望其實是一個路標,指引你走向那個夢想已經成真的現實。只要保持信念,調整頻率,採取與顯化成功版本的你一致的行動,你就能縮短與已經活在夢想生活的那個自己之間的距離。

**To manifest your desires,
you must first feel they are already real.
要實現你的渴望,你必須先相信並感覺它已經成為現實。**

這個概念跟「量子跳躍」非常相似。透過能量轉變、信念調整以及行為改變，我們可以快速躍升至理想未來的狀態。這也是為什麼 TikTok 上有許多國外的顯化創作者常說：「Delulu is the solulu.」（Being delusional is the solution.）Delusional 原本是指妄想或幻想，雖然這在字典中的定義並不那麼正面，但它實際上是在說「想像力是我們的超能力」。

聽到「妄想」這個詞，你可能會聯想到「被害妄想症」，但我更喜歡說「厲害想成症」（把厲害想成真）。大家應該都聽過「Fake it till you make it.」或「Act as if.」這些經典名言吧？「Delulu is the solulu.」的核心概念其實與這些話非常相似。

想成為厲害的人，就得先讓自己「弄假成真」（Fake it till you make it.），再加上「扮演那個厲害版本的自己」（Act as if.），這不就是「厲害想成症」的完美詮釋嗎？

真想要還是不敢要？揭開不敢看見的祕密

　　另一個無法吸引到想要的東西的原因是，你沒有明確看見自己的想要。很多人常常跟我說：「我不知道要顯化什麼。」你知道為什麼會這樣嗎？很有可能是你害怕承認自己真正想要的，因為你打從心底覺得那是不可能的。

　　可能是你認為自己不值得擁有，擔心如果得到了，別人會怎麼批判你；可能是你害怕實現目標的過程太艱辛、太漫長。甚至可能是你太害怕失去它，又或是沒辦法放下某些你依賴的東西，但這些正是阻礙你得到真正想要的事物的原因啊！

限制信念	一語道破你的信念！
你不相信那是可能的。	你覺得不可能，那就真的不可能。沒有impossible這回事，這字本身都寫著 I'm possible 了！
你覺得你不值得擁有你想要的。	你確定要活得這麼M？你是來體驗人間疾苦的嗎？我們是來地球玩耍，不是來受虐的！
你害怕要是有了這個東西，別人會怎麼批判你。	關他屁事，這是你的人生，還是他的？

你害怕達到目標的過程很辛苦。	不去實現目標,讓自己活在後悔裡感覺更辛苦。
你害怕得到了會失去它。	那你甭想養寵物了。還沒得到就在剉咧等!如果你不去追求,你現在就已經在失去了。
你害怕得到它會花很長的時間。	你媽生你也花了很長的時間,要是她嫌時間太久,你就不會有今天了!越早開始,你就越有機會達成。別因為對時間的擔憂剝奪你成就夢想的機會。
你害怕放下依賴的東西所帶來的不安全感。	手握得越緊,反而什麼都抓不住。你害怕放下依賴,是因為你還沒發現,真正的安全感來自內心,而不是外在的依賴。

欸,不是,你怎麼還沒開始就剉咧等啊?我們是來創造奇蹟,不是來創造恐怖片的欸!我們都害怕未知,害怕打開門後會出現什麼可怕的大怪獸,但你又不會通靈,你怎麼就這麼篤定後面一定就是不好的東西在等著你?未知也可以充滿美好的驚喜,不是嗎?不要因為不知道怎麼前進就毀掉所有可能性。

不過也不要一直怪自己,畢竟我們從小就被長輩灌輸了一堆不該相信的限制信念,像是:「你做不到=我是沒有能力的」「天底下哪有這麼好的事=好事不會發生在我身上」「你怎麼什麼都做不好=我是失敗的」等等,導致你連去想自己真正的想要都不敢。

記住！現在的你，不再是小時候那個無能為力的小孩子，現在的你有能力、有選擇，能夠打破這些束縛。是時候重新教育你的內在小孩，告訴他：「我可以，我值得，我有能力實現我想要的生活！別人做得到就代表我也能做到！」

透過嫉妒找到方向

你知道我們可以透過嫉妒找到自己真正的渴望嗎？

獨身女的我，很容易嫉妒心爆棚。其實我一直對自己的嫉妒感到很困擾，因為嫉妒的能量非常低，也讓我非常難受。在學習顯化的這條路上，我發現原來嫉妒的出現是要來告訴我：「你真正渴望的東西被別人先得到啦！趕快看見自己的想要！」所以嫉妒的出現，可能是你內心的渴望正在尖叫啊～～

有趣的是，你所嫉妒那個人所擁有的一切，不一定是你想要的。像是我的一個前男友，在我們分手後，短短一年內成為了TikTok百萬的創作者，我當時嫉妒得要命，於是我的姊妹就問我：「妳想做他在做的事嗎？」（他是以自己在醫院工作的經驗為主題，轉化搞笑內容的創作者。）

我說：「我不要！」她就說：「那就對啦！根本不用去嫉妒他，因為妳只是渴望擁有更大的影響力而已。」

之所以會嫉妒，是因為我們相信這世界上的資源是有限

的。覺得要是別人成功了，就等於自己成功的機會減少，甚至是被剝奪了。這就是所謂的匱乏心態，當你相信這個世界上的資源是不夠的、有限的，宇宙是會無條件支持我們的信念，讓我們看到自己的相信就是真實的。反之，當我們願意相信這世界的資源是充足的，宇宙也會讓我們看到符合這個信念的世界。後來，當看到別人已經過著我想要的美好生活時，就會把它當成是宇宙在告訴我：「妳看！這些都是妳也能做到的證明啊！」

我發現顯化速度從龜速變光速，因為我不再用匱乏的信念／能量過生活，相反地，我選擇相信這個世界擁有無限的資源和能量，進而吸引到更多相對應的豐盛來到我的人生。很多人可能會很難相信資源是無限的這件事，因為我們從小就不斷被洗腦著：「錢永遠都不夠」「好的人早就被搶走了」「有好東西也輪不到我們」，導致我們對「資源永遠都不夠」深信不疑。這樣的相信，很容易就會想躺平處理，甚至自我放棄，限制了我們的可能性。宇宙的「無限」並非指物質世界是無限的，而是指我們擁有無窮的潛力去創造和吸引所需要及渴望的事物。

所以我想交給你一個任務：
1. 當自己又說出匱乏的信念，像是：「錢永遠都不夠用」「哎，競爭太激烈，我根本沒機會」時，我要你主動意識到這是匱乏的信念在說話。

2. 把它轉換成你想要吸引的豐盛信念:「錢永遠都在源源不斷地朝我走來。」「機會其實很多,我會找到最適合我的機會!」

慢慢練習把習慣看見的匱乏,換成自己想要的豐盛!一起把嫉妒化為動力吧!

小我與高我：
恐懼的放大鏡 vs. 智慧的望遠鏡

顯化的時候必須要注意，你想要的顯化是來自你的小我還是高我？你可能會問：「小我跟高我是誰？」

「小我」有點像是活在我們內心的受傷小孩。因為曾經受過傷，所以這個小孩做什麼都帶著恐懼來保護自己，常以受害者的心態看待世界，就像拿著放大鏡一樣，過度解釋和放大發生在他身上的所有事情。如果他有做「MBTI」性格評量，那他就是：EFSJ（Externally Focused Self-Judgement）。好啦，沒有這個 MBTI，是我亂掰的，哈。但我的意思是他依賴外部環境和他人的反饋來建立自我認知和評價，而非透過內在的反思和判斷。小我活在匱乏的心態中，害怕失去、害怕不被認同，總是覺得「不夠」。這種匱乏感驅使他不斷尋求外界的安全感和認可，無法相信自身的價值。

「高我」則是我們內心最成熟、最有智慧的那一面。每個人都有高我，不要懷疑！如果懷疑，請讓你的小我安靜一下，謝謝。高我是你最真實的自我，是直覺的來源。它彷彿有著一副望遠鏡，讓我們看見無限的可能性。高我不依賴外界的認同，而是從內在汲取力量。他的「MBTI」是：IFSA（Internally Focused Self-Awareness），高我的自我認知和評價主要源自內在

的反思和覺察,並與內心真實的感受對話,讓我們活得更加自信和平靜。所以當我們在寫想要的顯化清單時,一定要問自己:這個願望是來自小我還是高我?這個想要是來自恐懼還是愛?

因為帶著恐懼的小我,是沒有辦法幫你顯化高能量的願望的!只有帶著無限愛與滿足能量的高我,才能幫你顯化成功!給你一個覺察小任務,請開始去注意腦中出現的聲音是來自小我還是高我?辨識的小訣竅如下表。

比較項目	小我(Ego)	高我(Higher Self)
感受	焦慮、恐懼、批判、自我懷疑:「心中充滿各種的問號問號再問號。」	平靜、溫和、被鼓勵、充滿愛:「相信我!你一定做得到!」
目的與動機	保護你不受傷,關注短期安全感和舒適區,但限制成長:「還是躺平好了⋯⋯」	引導你長期成長,走向更高目標,即使需要走出舒適區:「大膽向前衝吧!」
語氣與用詞	語氣強烈,使用極端語言:「你別想了!因為根本不可能!」	語氣溫柔:「試試看吧!Never try, never know!」
感覺的持續性	短暫的舒適感,但伴隨著更多擔憂:「怎麼辦?這樣對嗎?」	持久的平靜和清晰感,感覺被支持:「我相信宇宙有最好的安排。」
視野的寬廣度	局限於眼前困境,容易陷入低頻情緒:「完了完了完了BBQ了⋯⋯」	看見更大格局,從困難中看到學習:「這個挑戰是很棒的成長機會。」

當陷入小我的世界裡，你的腦中就會像是在播放無限循環的錄音帶，無止境地催眠你「你做不到」。於是，我們的信念就會開始顯化出這樣的現實。所以，請一定要分辨出腦中聲音的來源，適時地停止小我播放的錄音帶，你才能重獲內在的平靜與力量，發揮出你與生俱來就存在的無限潛力！

・你就是這麼衰。
・別做夢了！根本不可能！
・人生好短，好可怕……
・你永遠都比不贏別人！
・你需要去證明自己！
・呵呵，你確定你可以？

・你創造自己的現實。
・你的生活充滿無限可能性！
・人生只有一次，
　我要活得淋漓盡致！
・我們的一樣帶來連結，
　我們的不一樣帶來成長。
・你只需要做自己！
・沒試試看怎麼知道會不會成功？

你的認知／信念＝你的現實

前面提過有位我超喜歡的知名講者巴夏，他自稱來自「愛莎莎尼星球」，是一位來自第五維度的外星人。

在一次演講中，一位女士問他：「轉換信念要是這麼簡單，為什麼我們都做不到？」

巴夏回答：「因為我們從小就被教育這些信念是錯誤的，這就是為什麼去檢視自己的信念如此重要。」

從小我們就常常聽到：「賺錢很辛苦！」「人生就是這樣，不是你想要什麼就能得到什麼。」「別好高騖遠！」殊不知這些話就被植入潛意識，成了超深的認知和信念，進而成了現實。

Your perception is your reality.（你的認知＝你的現實）
Your beliefs create your reality.（你的信念＝你的現實）

這就是為什麼我們要不斷檢視和清理這些限制信念，否則它們的存在就會讓你在顯化夢想的路上四處碰壁。可以把你的限制信念想像成在顯化路上的牆壁，只要出現跟想要的顯化互相違和的信念，你就無法繼續前進。

如果你還是感受不到認知和信念的威力，讓我來分享一個非常有趣的心理實驗，叫做「傷痕實驗」。

研究人員請專業化妝師在參與者的臉上畫上超逼真的傷痕，然後安排他們去和陌生人互動。在參與者確認傷痕後，化妝師說要進行最後的調整，但實際上悄悄地把傷痕移除了。

神奇的是，實驗結束後，參與者都覺得那些陌生人在盯著他們的「傷痕」，而且對他們非常不友善。但事實上，他們臉上根本什麼都沒有！這個實驗告訴我們：「我們的信念會深深影響我們對世界的感知。即使傷痕不存在，只要你相信有，你就會覺

得別人都在注意你的傷痕。」

因此：

What you believe is what you perceive.

（你相信什麼，就會看見什麼。）

What you believe is what you receive.

（你相信什麼，就會得到什麼。）

找到限制你信念的「牆」

首先，我們必須意識到這些「牆」的存在，並觀察它們如何在你的生活中顯化成現實。當發現這些信念帶來的負面影響，並意識到它們有多麼荒謬與不合理時，你就能逐漸打掉這些「牆」。

那麼，如何看見這些隱形「牆」呢？當在顯化的路上感覺到卡關，或發現自己容易因為某些事情而感到憤怒、不開心的時候，這其實就是你的限制信念在跟你打招呼：「Hello! It's me!」

亞伯拉罕・希克斯說過：「**當我們感受到低頻情緒時，那代表我們內心專注的東西／信念跟真正的自我想要的不一致，才會導致不舒服或不滿。**」所以你的情緒是你的導航，讓你知道有沒有跟你想要的顯化在同一條路上。

你可以問自己這個問題來幫助你找到它們：「**針對這件事，**

我內心有著什麼相信，讓我有這樣的反應、行為跟想法？」或是「如果我真的允許自己做自己、追求我想要的，我會害怕發生什麼事？最糟的情況是？」你可以透過靜心聆聽答案，它也可能會透過共時、夢境或直覺等方式回答你。

你也可以想一下自己想要的顯化，並想像顯化已經成功的畫面，這時候，腦中是否有出現一些讓你覺得不可能的聲音？或是利用 ChatGPT。

【ChatGPT 指令】

「我想要顯化＿＿＿＿＿＿＿，但是我腦中出現這些聲音＿＿＿＿＿，請問我可能有哪些限制信念呢？」

接著就把跟自己共鳴到的限制信念記錄下來。

如果有看過《腦筋急轉彎 2》，你就知道我們的信念都是來自我們的經驗、父母、朋友、學校、社會。所以它既不是我們與生俱來的東西，更不是真理。

再來，不是說你改變一個限制信念就一勞永逸囉！如果發現在顯化的路上還是很卡，就要知道那是因為還有其他的牆還沒摧毀。

這些牆不會這麼輕易被打掉，畢竟它們跟了我們這麼久，也是在用自己的方式保護我們的「安全」。所以在打掉牆壁的過程中，一定會有很多的不安全感跟恐懼，這是很正常的！

當你聽到自己說：「顯化什麼什麼好難。」請適時制止自己：

「欸,等等,這不是事實!有些人就可以輕易顯化啊!代表這是我的限制牆,根本不需要相信它!」

「這只是我小時候被灌輸的信念。但是我的相信會顯化,所以我想要的相信是這件事是可以很有趣、很簡單的!」

在美國進修的時候,我學到一個說法:人類是 Meaning Making Machine(意思製造機)。「他說這話是什麼意思?」我們永遠都在擔心「什麼意思」。

其實所有的意思都是被我們自己製造出來的。我也曾在社群分享過,我們其實是 Horror Story Making Machine(恐怖故事製造機)。我們太習慣在自己的腦中創造根本不存在的恐怖故事來嚇死自己。巴夏說:「**任何事物本身是沒有什麼意義的,是你賦予了它意義,而這也會成為你體驗它的方式。**」

不管發生了什麼事,都要知道它的存在一定有原因,就算你現在完全看不懂宇宙到底在衝蝦毀,但絕對不要給它負面能量!你要做的是看見它並且調整心態:「雖然我不樂見這件事的發生,但是它的發生一定是要我有所學習跟成長!」

Everything happens for a reason. Everything is a lesson.
(事出必有因,每件事都是學習。)

巴夏也常常透過他的演講傳遞:「**每一個人都是被宇宙無條件支持的。**」但你可能會想:「最好是!祂要是支持我的話,我還會活得這麼辛苦嗎?」他解釋:「宇宙是支持你所有的相信,

祂並不會去分好壞。如果你有這個負面信念，宇宙就會支持這個負面信念：『好！你想相信這個，我就給你這個囉！』但如果你現在選擇相信正面信念，宇宙也會全然支持它們。」所以我們才是自己人生的主人啊！

> **你可以利用填空以下句子來找到你對自己的限制信念：**
> ・我常常告訴自己我無法做到＿＿＿＿，因為＿＿＿＿。
> ・我放棄了＿＿＿＿（這個目標／夢想），
> 　因為我覺得＿＿＿＿。
> ・當我面臨新的挑戰時，我會＿＿＿＿。
> ・我覺得自己不配擁有＿＿＿＿，因為＿＿＿＿。
> ・我接受了我是＿＿＿＿（怎麼樣的人）的負面標籤，
> 　因為＿＿＿＿。
> ・當別人讚美我時，我通常會覺得＿＿＿＿。
> ・我害怕＿＿＿＿（做什麼），因為我擔心＿＿＿＿。
> ・當我犯錯時，我會對自己說＿＿＿＿。

如果回答完，還是很難整理出限制信念，就把這些回答丟到ChatGPT。

【ChatGPT 指令】

「請根據這些內容，整理出我對自己的限制信念。」

P.S. 找到限制信念是蛻變成顯化小魔女／男的關鍵啊！

這邊也提供大部分人可能會有的限制信念：

自我
・我不配擁有我想要的。
・我不夠好。
・我不夠聰明。

成功
・我害怕失敗。
・我不可能成功。
・我害怕成功後，要付出很大的代價。

愛情
・我不值得被愛。
・我害怕被拋棄。
・愛情總是讓我失望。

金錢
・錢很難賺。
・賺錢很辛苦
・錢永遠都不夠用。

在繼續閱讀下去之前，我希望你試著用自己的方式，把這些限制信念翻轉成正面信念。不過，畢竟我們都習慣往壞處想，現在突然要你往好處想一定有些困難，所以可以問問自己：「我

想要活在怎麼樣的人生裡？」「如果這些限制信念翻轉成正面信念都會成真的話，我希望這些信念是什麼？」

限制信念	正面信念
我不配擁有我想要的。	我值得擁有自己真正渴望的事物。
我不可能成功。	成功是可能的，我也有實現成功的潛力。
錢很難賺。	賺錢可以變得輕鬆而自然。我能學會如何更輕鬆地賺錢。

來試試看吧：

限制信念	正面信念

如何打掉你的限制牆

　　我以前就是那種常常把「我好衰……」掛在嘴邊的人。身邊的人也常常因為我的故事說:「妳怎麼可以這麼衰啊。」我甚至會因為別人認可我的衰而感到被安慰,甚至有小小的開心(我真的很有事)。講難聽點,就是自作孽,不可活!但講心理學一點,這就是被害者心態。很多人很不願意承認自己有這個心態,可是**去看見且承認自己的行為跟心態,才是改變的開始**。

　　你可以練習用第三視角看待自己,像是如果我在檢視自己的時候,會假裝自己不是九粒,而是不帶任何批判,只是帶著滿滿好奇心的觀察員。

　　你要適時地以觀察員的身分,去檢視自己常說的話跟信念,問問自己:「這些東西,真的對我有幫助嗎?」如果沒有幫助,我就會跟這些話和相信 AKA 我的小我說:「Thank you for sharing. But I don't think that's true.」(謝謝你,但我不覺得你說的是對的)。當你意識到你其實可以選擇自己說的話和相信的信念時,就會發現:「原來掌控權一直都在我身上!」

　　下次當發現自己又開始說一些對自己不利的垃圾話,或是對你有害的限制信念,可以依照下列的步驟這樣做。

打掉信念牆的步驟

1. 發現限制牆

・覺察：寫下現在的感受，並找出導致這些感受的想法。如：

「現在我感到＿＿＿＿＿，

因為我有這樣的想法：＿＿＿＿＿。」

「沒有顯化成功讓我感到＿＿＿＿＿，

我覺得是不是因為＿＿＿＿＿（負面想法）。」

・挖出信念：這些想法背後隱藏的信念是什麼？我為什麼會這樣想？（通常很常出現的想法就是你的信念）

【ChatGPT 指令】

「我感到＿＿＿＿，因為我有這些想法＿＿＿＿＿請問我可能有哪些限制信念？」

2. 找出牆壁的地基

・找到來源：「這個信念最一開始是來自小時候的哪個經驗？（請不要想太多，相信自己的直覺！）」可能來自童年的經歷、父母的教導或社會環境。

【ChatGPT 指令】

「我的負面信念是＿＿＿＿＿，請幫我找出這個負面信念可能的根源。」

3. 評估必要性

・評估利益:「這個信念對我有幫助嗎?」

・評估真實性:「這個信念有根據或是證據支持嗎?」並找出相反的例子來推翻這個信念。

・評估是否打掉:「要放下這個限制信念,或是不放下?」

如果不願意放下,可能會付出什麼代價?

這往往是因為這個信念帶來了某些隱藏的好處。試著找出這些隱藏的好處,看看它們是什麼。

如果願意放下,會帶來什麼改變?

【ChatGPT 指令】

「如果我不願意放下這個＿＿＿＿＿＿＿＿(限制信念),請問我會付出什麼代價?請問這個限制信念背後隱藏的好處是什麼?若我願意放下,會帶來什麼改變?」

4. 建立橋梁

・轉換信念:把原本的牆改建成橋梁。找到一個更積極、更有幫助的新信念。問自己:「顯化成功版本的我的信念是什麼?」

・鞏固橋梁:找到支持這個新信念的證據,寫下這些證據,讓自己更加相信這個信念是真的。

5. 未來行動

・行動計畫:根據新信念,計畫你的行動。問自己:「擁有這個新信念的我會如何行動?」

・提醒與鞏固：當舊的信念再次出現時，提醒自己這個新信念，並告訴自己：「我現在選擇相信的是 ＿＿＿＿＿＿＿＿＿，所以我願意開始做出擁有這個信念相對應的行動。」

【舉例】

1. 發現限制牆

・覺察：

現在我感到沒有自信，因為我有這樣的想法：

「我總是做得不夠好，別人都比我強。」

・挖出信念：

這個想法背後隱藏的信念是什麼？

「我不夠好。我是個沒有用的人。」

2. 找出牆壁的地基

・找到來源：

小時候，爸媽常常會拿我和其他小朋友比較，他們都會說：「你看別人多厲害。」導致我從小就覺得一定是我不夠好。

3. 評估必要性

・評估利益：

這個信念對我有幫助嗎？

絕對沒有，這個信念讓我感到無助和低落，阻礙了我的成長。

・評估真實性：

這個信念真的有根據嗎？有例子可以推翻嗎？

沒有符合父母的期待好像真的不等於我不夠好。而且，這個世界上只有一個獨一無二的我，我的存在本身就是足夠的。回顧我的經歷，我其實擁有很多優點，像是很會煮飯、很有創意、很有行動力！這些都證明我是有能力，也在不斷成長。所以這個信念並不真實。

・評估是否打掉：

＊我若不放下「我不夠好」這個信念，付出的代價會是我會停滯不前、自我設限，沒有辦法成功。

＊這個信念一直在給我的隱藏好處是：維持現狀的安全感、避免失敗與批評。

＊放下會帶來的改變則是：自信的提升、人際關係的改善，還能同時增加成功的機會。

4. 建立橋梁

・轉換信念：

顯化成功版本的我的信念是：「我有能力做好我所選擇的事情，每一次努力都讓我變得更好。」「每個人與生俱來就是足夠好的。」

・鞏固橋梁：

我知道這些新信念是真的，因為我過去成功克服了演講的恐懼，這證明了我其實是有勇氣和能力應對挑戰。

5. 未來展望與行動

・行動計畫：

因為我相信：我有能力做好我所選擇的事，每一次努力都讓我變得更好。在接下來面對的每一個挑戰，我都會勇敢接受！

・提醒與鞏固：

當舊的信念再次出現，我會提醒自己：「我現在選擇相信的是『我有能力做好每件事』，所以我願意開始多去參加能讓我學習且成長的活動。」

Do not settle for less.（不要甘於現狀）。也不要堅持那些對你毫無幫助的垃圾信念，還把人生中所發生的衰事怪罪在自己的相信上。這是你的人生欸！憑什麼不能過我們想過的生活？每個人都有能力透過改變潛意識及能量創造自己想要的人生，但一切都從改變信念開始。

釋放限制信念冥想

The outer world is a reflection of the inner world.
你怎麼看這個人生，這個人生就會變成那個樣子。

找出罪魁禍首！

當發現自己還是沒辦法全然接受某些正面信念，不斷地被限制信念卡住時，很有可能因為還有更深層的信念卡在裡面，所以怎麼清理都清不乾淨。你可以問自己：「**當選擇相信這個正面信念時，我會害怕發生什麼事？**」這時候就可以將腦中出現的恐怖故事給寫下來，幫助你釐清卡在最深層的那些限制信念是什麼。假如你正在試著接受「我值得擁有一段健康、快樂的關係」這個正面信念，但發現你就是怎麼樣也說服不了自己。這時就可以問自己：「如果我相信這個信念，我害怕會發生什麼事？」

或許你腦中出現的恐怖故事是：「如果我真的相信，我可能會被傷害，因為每次我信任別人，他們都會讓我失望。」

你就會發現你出現的限制信念是：「進入一段關係是危險的。我必須努力自我保護。人們總是會讓我失望。」

如果想不出來，可以請 ChatGPT 協助你。

【ChatGPT 指令】

「我正在試著相信 ＿＿＿＿＿＿（正面信念），但我害怕如果我真的相信，我會 ＿＿＿＿＿＿（寫下你的害怕）。請問我底層可能隱藏著哪些限制信念呢？」

如此一來，就可以發現到底是哪些信念不斷地阻止你接受這個正面信念。巴夏常常說，清理掉負面信念的其中一點，就是

讓自己意識到這個信念有多麼地 Ridiculous（扯），你就會更願意放下它的束縛。

TIPS! 貼心小提醒：如果你已經很習慣低頻的感受，拜託一定要給自己時間去改變。因為越急著要提升自己的能量跟改變信念，就會產生越多的焦慮跟擔心，進而越沒有辦法顯化你想要的東西。這就是俗語說的：「欲速則不達！吃緊弄破碗！」有覺察，就已經是改變的開始了！

正視負能量，讓顯化更順暢！

很多人在顯化的過程中超級害怕負能量，甚至會覺得：「我絕對不可以有負能量！」深信要是一讓負能量出來，就會顯化不好的東西。殊不知，有毒的正能量並不是真的正能量！壓抑自己的負能量，也只會讓你「能量便祕」而已！你覺得便祕的自己，能量是能高到哪裡？

但也請你放心,因為正面思考的力量,遠遠超過負面的。欸,要是負面思考的力量更大,那很可怕捏!這樣全世界應該都被自己的想法給毀滅了吧!?你可以把顯化想像成在種植物,想要顯化的東西就是種子,核心能量(根本信念和常出現的情緒、感受)是土壤,天氣則是當下的情緒及感受,雖然多少會對植物有影響,但最終還是土壤的力量在支撐成長。所以好天氣(正面思考)能幫助你創造更豐盛的結果,但也不要抗拒壞天氣(負面思考)的出現。只要你確保土壤(核心能量)健康,壞天氣不會輕易摧毀你的種子!

顯化 ＝ 種植物

　　記得千萬不要再跟自己說「我不可以負能量」「我不可以生氣」「我不可以難過」「我不可以情緒化」。我們每一種情緒的出現都是有原因的，透過這些感受，更能認識自己的喜好、看見過去的經歷、尚未解決的創傷、信念、身體狀況等。有這麼多的好處，你還捨得一直壓抑、批判它嗎！

　　前幾年去上薩提爾的工作坊，我的恩師瑤華老師說：「我發現妳在說自己很受傷的故事的時候，都是笑著說的，為什麼？」

我說：「因為我不想帶給大家負能量。」

她問：「負能量有什麼不好嗎？」

我說：「負能量當然不好，會讓其他人不開心。」

她問：「妳從什麼時候開始有這樣的想法？」

我說：「因為在我小的時候，媽媽已罹患憂鬱症很多年。我不想像她那樣，自己難過，也讓身邊的人難過，所以想要保持正能量帶給大家快樂。」

她問：「那如果當年沒有這個負能量，妳還會想要這麼正能量嗎？」

我當下當頭棒喝！天啊⋯⋯要是小時候沒有經歷到媽媽的憂鬱，我也不會這麼快就找到我的人生目標──帶給這個世界快樂。這時才發現，原來負能量也可以這麼棒！

只是我們都太習慣標籤化，覺得「負能量＝不好的」，而忽略了它其中帶來的重要學習。

因為那次的醒悟，讓我開始**練習不帶批判地接受所有狀態的自己，而不是慣性戴上正能量面具的自己**。神奇的事發生了⋯⋯我的能量反而越來越順，顯化的速度也變得越來越快。

像是前一天才在心裡想著：「要買指甲刀跟牙膏。」隔天伴侶就直接兩個都買了回來。

前幾分鐘才在廚房想著：「要買大水壺！」接著就收到水壺公司要送我公關品的 Email。

才在跟伴侶說：「好像可以一起去香港玩。」過幾天就收到

旅遊公司邀請我去香港的互惠邀約。

　　所以當你更允許自己能量跟情緒的流動,你的顯化之路就會更順暢流通!

任務:
請放下那些被制約的「我不可以……」,
開始練習接受所有面向的自己。
例如:
我不可以生氣。→我可以感到生氣,這很正常。
我不可以難過。→我可以感到難過,我正在釋放情緒。
我不可以失敗。→我可以失敗,這只是讓我成長的一部分。
我不可以負能量。→我可以有負能量,這讓我更了解自己。

別再等「你沒有的」，幸福快樂是現在的選擇！

千萬要改掉「如果我有○○○，我就會快樂」的這個信念，像是：「如果我有車子／房子／馬子，我就會快樂。」為什麼？因為當這樣說的時候，就代表你在說：「我現在不快樂、我現在不滿足、我現在是匱乏的。」欸！吸引力法則就是會吸引到你的「潛臺詞 AKA 你的主要想法跟能量」啊！要是你總是不滿足，就會吸引到更多讓你不滿足的人事物！而且當你設定了「只有○○○發生，我才會快樂」的條件時，不就是間接在規定現在的自己還不值得快樂嗎？如果一直跟自己講：「我要達到什麼事，我才能快樂。」那你就會習慣這個模式，就算真的達到那件事，你也會再次告訴自己：「我會在做到○○○的時候快樂。」陷入無止境的追求循環，因而欲求不滿。

最近在上廁所的時候，熊熊得到一個領悟。你會發現有些廁所燈的開關在外面，有些在裡面，然後我就想到：「哇！這就像常常說的『I will be happy when...』的概念一樣。這等於是把燈的開關放在外面，讓外面的人事物去控制我們的內心是明亮還是黑暗的。但我們完全有能力把開關放在裡面，只是我們太習慣讓外界因素影響內在。是時候把開關重新掌握在自己手中了，讓我們內在的光亮由自己來決定！」

You have the power within you to manifest anything you want.
（你的內心擁有實現任何願望的力量。）

  我的前輩，馬哥，曾經說過一個讓我印象深刻的故事。

  他以前也是不斷地追求成功，因為他相信「只要得到成功，我就會快樂」。就像小孩追氣球一樣，以為抓住成功就能帶來快樂。後來真的成功後，他並沒有真正得到快樂。反而，他又給自己設下一個新的「達到這個我才能快樂」的條件，讓他不停地追逐著那個追不到的氣球。他的家人說了一句話，徹底打醒了他：「會不會是因為你跑得太快，氣球根本跟不上你？」

  其實，快樂根本不用去追求，我們隨時都可以選擇快樂，就像隨時都可以握著這個氣球去走我們的每一步。

Happiness is not a destination, it's a way of life.
（快樂從來都不是終點，而是一種生活態度。）

改變視角魔法

　　當你意識到自己有選擇權時，無論是選擇如何看待事情，還是選擇自己想要體驗的感受，你就會漸漸不再被外界的發生所掌控。你知道嗎？一切真的都只是視角的問題！你可能會問：「可是到底要怎麼改變自己的視角？」別擔心！源自《重新選擇：通往自由的六步驟》（*Choose Again: Six Steps to Freedom*）作者狄德里克・沃爾薩克的圖表，能徹底改變你視角。

我永遠都是有選擇的！

當事情發生的時候

選擇我想要體驗的感受

根據我的信念及自我概念來解釋所發生的事情

現在我可以選擇：

受害者心態
為什麼？

勝利者心態
這件事的目的為何？

慣性怪人的受害者心態：
這件事為什麼又發生在我身上？
他們怎麼可以這樣？
他們應該怎麼彌補？
如果他們不改變，我會發生什麼事？

充滿好奇心的勝利者心態：
我可以從這次經驗中學到什麼？
現在的我還可以做些什麼呢？
是什麼導致我的負面信念被觸發了？
我可以重新調整那個信念。

放下擔心魔法

你以為九粒天生就這麼完美，完全不會擔心嗎？怎麼可能！我可是出了名最會自己嚇自己的小劇場製造機欸，哈！

直到有一天，我在網路上看到下面這張圖，才驚醒發現：我有事嗎？幹麼一直庸人自擾啊！所以每當我又開始擔心、想太多的時候，就會想到這個圖表，對內心的小劇場喊「卡」。畢竟，如果你專注的是擔心的能量，那個能量就會顯化。所以一定要練習適時對自己這個擔心的壞習慣喊「卡」！

要安心，不要擔心！

```
        你現在有困擾你的問題嗎？
           ↙           ↘
          有            沒有
          ↓              ↓
    你可以做什麼
    來改變它嗎？
       ↓
      不可以
       ↓
      可以  ——→  那你擔心個屁？
```

旅程三　整理內在空間

改變言語魔法

　　去年，我一個人去參加亞伯拉罕‧希克斯在郵輪上辦的工作坊。因為我吃得比較清淡，一開始在郵輪上非常難覓食，找到的食物不是超油膩就是不合胃口，我想說：「完了⋯⋯這十天這樣吃，我要選擇餓死還是胖死呢？」就在苦惱找不到健康餐廳的時候，一個約五十幾歲的中年白人大叔 Barry 問我：「需要幫忙嗎？」我就跟他說：「哦～～我只是在找健康一點的食物，但在郵輪上好像很難找到。」他竟然跟我說：「不，妳不能這樣說話。」我瞬間嚇到，想說我說的不就是事實嗎？不然要怎麼說？接下來他說的話，改變了我的一生。

　　他說：「如果妳一直跟自己說很難找到健康的食物，那妳就會創造很難找到健康食物的體驗。妳覺得難，那就真的難了。」我說：「那不然要怎麼說？」他說：「妳可以說：『在郵輪上找到健康的食物是可能的。』」於是，我帶著半信半疑的態度開始重複他說的話：「在郵輪上找到健康的食物是可能的。」他說：「妳一定要小心不要把『好難』掛嘴邊，因為說出來的話會顯化。」我才發現原來他是亞伯拉罕‧希克斯工作坊多年的學生，心想：「原來不是怪叔叔！是前輩啊！」最後，他跟我說：「妳知道在九樓其實有一間健康餐廳，十樓還有 Buffet 嗎？」我瞬間笑出來，心裡有點丟臉地想著：「天啊，我還一直跟自己說一

定找不到健康餐廳，沒想到選擇竟然這麼多！」他接著說：「看吧！一點都不難，對吧？」

這個經驗讓我深刻體會到，當我們對自己說「這件事一定很難，可能不會順利」時，就會不經意地放大障礙和困難，來證實自己的信念。我們太習慣把自己常說的話當作事實，殊不知那只是看法、信念或視角。所以，當你又開始說「這件事一定很困難」並畫地自限時，請打醒自己（但不用真的動手打），告訴自己：「我相信這件事是可能的！而且一切都會在對的時間點發生，現在沒有發生是因為有更好的在前面等著我！」

只要改變想法、改變常常掛在嘴邊的「難」聽話，你會發現選擇和機會比想像的多更多！

讓我們一起試著放下「好難」的口頭禪，迎接更多可能性吧！

說了這麼多，就是想告訴你：「**你說的話會阻擋你的顯化！**」

以下是你需要永遠丟到垃圾桶的鬼話連篇：
・這太難了吧……
・怎麼可能……
・我做不到。
・我不夠好。
・哪有這麼好的事？

旅程三　整理內在空間　　159

・我沒錢／時間／機會／選擇。
・我就是這麼差／爛／不好／沒用／有病。
・我好衰／窮／胖／醜。
・我一定會失敗。
・我不可能成功。

從今天開始練習注意自己說的話，問自己：「這句話對我的顯化／成長真的有幫助嗎？顯化成功版本的我會這樣說話嗎？」

情緒釋放技巧（敲打法） AKA 情緒針灸

情緒釋放技巧（Emotional Freedom Technique，簡稱 ETF 或 Tapping），是在國外超級夯的療法。

它結合了多種替代醫學理論，包括針灸、神經語言程式學、能量醫學以及思維場療法（TFT）。也融合了暴露療法、認知行為療法以及身體刺激的元素。

簡單來說，就是透過輕敲身體特定的穴位來創造微微的電流，刺激神經系統，讓你的神經系統小小「斷電」一下，打斷它對某些情緒的過度反應，做到釋放、調整、平衡身體的能量。雖

踏上顯化小魔女／男之旅宣誓詞

今天，我以＿＿＿＿＿＿＿＿＿＿（名字）的身分
正式踏上這段充滿奇蹟的蛻變之旅
我相信我的內心充滿無限的魔法
並且透過每一個想法、每一個書寫，都在創造閃耀未來

從這一刻起，
我將全心投入這 21 天的顯化養成魔法手帳

我願意放下所有懷疑和恐懼，釋放限制信念
打開心扉迎接宇宙的豐盛與祝福

我相信透過這段旅程，我會看到自己無法想像的蛻變
並吸引到生命中最美好的事物

每一天，我將以感恩和信任為指引，專心完成這本手帳的顯化練習
因為我知道，這將是我邁向幸福、豐盛的關鍵一步

今天，我承諾對自己負責，對我的夢想負責。
我願意認真完成這本手帳，
且相信我已經在顯化成功的路上

我是蛻變中的顯化小魔女／男，
宇宙的力量與我同在
我已經準備好迎接我的顯化啦！

簽名 ＿＿＿＿＿＿＿＿＿＿ 日期 ＿＿＿＿＿＿＿＿＿＿

DAY 1

我真的很幸運！
I'm really, really lucky.

（抄寫正能量咒語區）

我好感謝

我感到

我好感謝

我感到

我好感謝

我感到

DAY 2

好事總是自然而然地來到我身邊
Good things come to me easily.

（抄寫正能量咒語區）

我好感謝

我感到

我好感謝

我感到

我好感謝

我感到

DAY 3

我值得被愛
I deserve to be loved.

《找算生活亮光語錄》

我好感謝

我感到

我好感謝

我感到

我好感謝

我感到

DAY 4

我允許自己放下不再適合我的人事物
I allow myself to let go of what no longer serves me.

（抄寫正能量咒語區）

我好感謝

我感到

我好感謝

我感到

我好感謝

我感到

DAY 5

我與生俱來就是足夠且完整的人
I was born enough and whole.

（抄寫正能量咒語區）

我好感謝

我感到

我好感謝

我感到

我好感謝

我感到

DAY 6

我值得擁有幸福快樂和成功的人生
I deserve to have a blessed, happy, and successful life.

（抄寫正能量咒語區）

我好感謝

我感到

我好感謝

我感到

我好感謝

我感到

DAY 7

我相信我自己
I believe in me.

（抄寫正能量咒語區）

我好感謝

我感到

我好感謝

我感到

我好感謝

我感到

DAY 8

我看見自己有多珍貴,我看見自己的價值
I see how precious I am. I see my value.

(抄寫正能量咒語區)

我好感謝

我感到

我好感謝

我感到

我好感謝

我感到

DAY 9

我值得被看見和聽見
I deserve to be seen and heard.

（抄寫正能量咒語區）

我好感謝

我感到

我好感謝

我感到

我好感謝

我感到

DAY 10

我比我想像的更強大
I'm so much stronger than I think.

（抄寫正能量咒語區）

我好感謝

我感到

我好感謝

我感到

我好感謝

我感到

DAY 11

我的潛力無限大
I have limitless potential.

(抄寫正能量咒語區)

我好感謝

我感到

我好感謝

我感到

我好感謝

我感到

DAY 12

我相信一切的發生都是對我有利的
I believe everything is always working out for me.

（抄寫正能量咒語區）

我好感謝

我感到

我好感謝

我感到

我好感謝

我感到

DAY 13

我擁有改變自己和我人生的力量
I have the power to change myself and my life.

（抄寫正能量咒語區）

我好感謝

我感到

我好感謝

我感到

我好感謝

我感到

DAY 14

我每天都看得到值得感激的事情
I see things to be grateful for every day.

（抄寫正能量咒語區）

我好感謝

我感到

我好感謝

我感到

我好感謝

我感到

DAY 15

我相信自己值得擁有我想要得到的人事物
I believe I deserve to have what I want.

我好感謝

我感到

我好感謝

我感到

我好感謝

我感到

DAY 16

我接受且愛自己的所有，不管好壞
I accept and love every part of me, the good and the bad.

（抄寫正能量咒語區）

我好感謝

我感到

我好感謝

我感到

我好感謝

我感到

DAY 17

我知道我正在對的路上
I know I'm on the right path.

(抄寫正能量咒語區)

我好感謝

我感到

我好感謝

我感到

我好感謝

我感到

DAY 18

我釋放壓力，讓生活更輕鬆
I release stress and let life be easy.

（抄寫正能量咒語區）

我好感謝

我感到

我好感謝

我感到

我好感謝

我感到

DAY 19

我擁有顯化夢想生活的一切資源和能力
I have what it takes to manifest my dream life.

我好感謝

我感到

我好感謝

我感到

我好感謝

我感到

DAY 20

我釋放我的過去，敞開心扉迎接新的機會和幸福
I release my past, opening myself to new opportunities and happiness.

（抄寫正能量咒語區）

我好感謝

我感到

我好感謝

我感到

我好感謝

我感到

DAY 21

我相信吸引到我想要的東西可以很簡單！
I believe attracting what I want can be easy!

(抄寫正能量咒語區)

我好感謝

我感到

我好感謝

我感到

我好感謝

我感到

小魔女每日幸運配方

1. 我永遠都在對的道路上!

2. 我真的是想要什麼就來什麼!

3. 只要我有心,
沒有什麼我做不到的事!

4. 我願意放下我的限制信念,
迎接所有豐盛來到身邊!

5. 對於我的顯化,我放心不擔心!

6. 我絕對值得擁有我想要的任何東西!

7. Woohoo! 能夠活著真是太棒啦!

8. 所有的發生都對我有利,
而且都是讓我變得更好的學習!

揭開內心深處渴望的五大神奇提問

Q1 小時候你曾有過哪些夢想
至今還是讓你 Doki Doki 心動不已？

Q2 你做什麼事情時，會感到時間飛逝？

Q3 如果任何事都有可能，你想做什麼？

Q4 如果錢不是問題，也沒有人會對你的選擇說三道四，
且任何壞事都不會發生在你或你認識的人身上，
你會怎麼度過你理想的一天？

既然不需要為錢工作，你會做什麼來實現你的人生目標？

Q5 如果你的人生只剩一個月，
在死前你想要經歷什麼體驗？（寫下你的人生清單）

A:

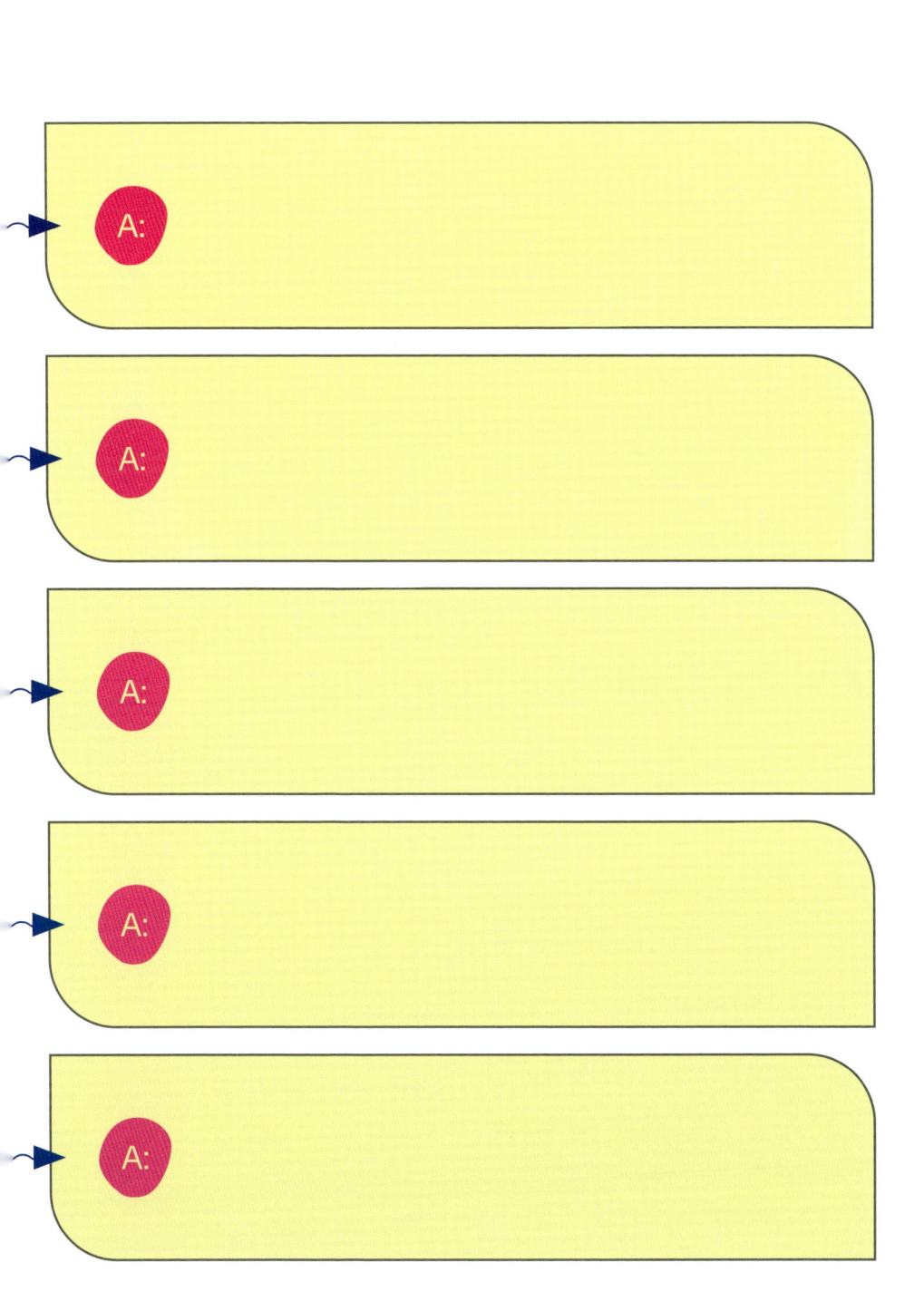

A:

A:

A:

A:

顯化全方位人生

1 好好想想在每個領域裡面,你分別想要顯化什麼?
* 事業、財務、愛情、健康與健身、人際關係、個人成長 / 願望 *

2 在這些領域裡面實現什麼會讓你覺得很成功,感到心滿意足?

3 如果現在為這些領域評分（0-10 分），那每個領域會得幾分？

4 在這些領域實現什麼會讓分數變滿分？

宇宙點餐區

✦ 撰寫小撇步 ✦

我好感謝……（你想要顯化的東西）

這讓我感到……（顯化成功會有的感受）

我好感謝

這讓我感到

我好感謝

這讓我感到

我好感謝

這讓我感到

我好感謝

這讓我感到

我好感謝

這讓我感到

我好感謝

這讓我感到

我好感謝

這讓我感到

我好感謝

這讓我感到

釐清自我概念

我覺得我長得 _____ 。

我是一個 _____ 的人。（請寫出所有你想到的形容詞）

我的家人朋友常常說：我是一個 _____ 的人。

我常常會對自己說：「我很 _____ 。」

**請好好地反思，這跟想要顯化的願望能量一致嗎？
還是有哪邊需要調整呢？**

顯化小魔女 / 男版本的我

理想的自己 看起來是什麼樣子？	理想的自己 如何思考？	理想的自己 通常有什麼感受？
理想的自己 會如何行動？	作為理想的自己 他 / 她的一天通常 是什麼樣子的？	理想的自己 有哪些習慣？
理想的自己 不容忍什麼？	理想的自己如何優先 考慮自己／照顧自己？	我現在可以怎麼做 來一點一滴地 變成理想的自己？

這個聲音來自小我還是高我？

小我

寫下那些常見的消極、恐懼或批判性的聲音
這些聲音通常帶有焦慮、擔心和防禦性

例如:「你不夠好,這太難了!」
「別冒險,失敗會讓你丟臉。」

這些常出現的負面聲音,
很有可能就是自己的限制信念唷!

高我

寫下那些來自內心深處、帶有智慧和冷靜的聲音
這些聲音是你內在的指引,帶來平靜、勇氣和真正的渴望

例如:「你已經足夠好,這是一次學習的機會。」
「勇敢去追求你想要的,因為這是你的內心渴望。」

揪出卡住顯化的負面信念

Q1 我最想要顯化的目標是……

Q2 當我想顯化這件事時,我心裡有出現哪些不好的念頭／信念?

Q3 我可以如何將這些不好的信念轉成好的?

Q4 如果我相信這個好的信念,我會如何行動?

揪出你對自己的負面信念

我常常告訴自己我無法做到 ＿＿＿＿＿＿＿＿＿，因為 ＿＿＿＿＿＿＿＿＿。

我放棄了 ＿＿＿＿＿＿＿（目標／夢想），因為我覺得 ＿＿＿＿＿＿＿。

當我面臨新的挑戰時，我會想到 ＿＿＿＿＿＿＿＿＿＿＿＿＿＿＿。

我在 ＿＿＿＿＿＿＿ 方面感到卡住，因為我相信 ＿＿＿＿＿＿＿＿＿。

我覺得自己不配擁有 ＿＿＿＿＿＿＿，因為 ＿＿＿＿＿＿＿＿＿。

我接受了 ＿＿＿＿＿＿＿ 這個負面標籤，因為 ＿＿＿＿＿＿＿＿＿。

當別人讚美我時，我通常會覺得 ＿＿＿＿＿＿＿＿＿＿＿＿＿＿。

我害怕做 ＿＿＿＿＿＿＿＿＿，因為我擔心 ＿＿＿＿＿＿＿。

當我犯錯時，我會對自己說 ＿＿＿＿＿＿＿＿＿＿＿＿＿＿＿。

我避免參加 ＿＿＿＿＿＿＿ 的機會，因為我懷疑 ＿＿＿＿＿＿＿＿＿。

負面信念清單 ▶ 正面信念清單

請在右頁空白處整理出隱藏在潛意識中的負面信念
並且用自己或是 ChatGPT 的力量，翻轉成正面信念

建議早晚唸出／寫出正面信念給潛意識聽
更推薦大家可以利用 Tapping 的方式將正面信念植入腦袋裡唷！

p.s. 你可以利用 ChatGPT 幫助你找到正面信念！
指令：「我的負面信念是（輸入你的負面想法）。
請給我十個相對應的正面肯定句，讓我可以開始轉換這個信念。」

翻轉信念

觀察你的感受

現在我感到：

這個感覺來自於我有這樣的想法：

找出背後的信念

這個想法背後的信念是：

我為什麼會有這樣的信念？（回想一下過去的經驗）：

評估這個信念

這個信念對我有幫助嗎？（是／否，為什麼）：

有什麼證據支持或反駁這個信念？寫下至少一個相反的例子：

替換為新的信念

我想要替換成的新信念是：

這個新信念會如何幫助我？：

行動計劃

相信這個新信念後，我會怎麼行動？：

提醒與鞏固

當舊的信念再次出現時，我會提醒自己：我現在選擇相信的是……

因為相信這個新信念，我願意開始：

全方位感官視覺化顯化魔法：6W1H 練習填寫區

What do you want? 　　　　　　　　你想要的顯化是什麼？

_____
_____
_____
_____

Why do you want it? 　　　　　　　　為什麼這對你重要？

_____
_____
_____
_____

What are you doing? 　　　　　　　　顯化成功時，你在做什麼？

_____
_____
_____
_____

Who are you with? 　　　　　　　　顯化成功時，旁邊有誰？

_____
_____
_____

When would it be? 　　　　　　　　顯化成功時，大概在什麼時候？

_____
_____
_____

Where would it be? 　　　　　　　　顯化成功時，你會在哪裡？

_____
_____
_____

How would you feel? 　　　　　　　　顯化成功後，你會有什麼感受？

_____
_____
_____

全方位感官視覺化顯化魔法：五感顯化練習區

現在換你來設計你的顯化畫面，請先回答以下問題：

What do you see? 你看見什麼？
What do you hear? 你聽到什麼？
What do you taste? 你嚐到什麼？
What do you touch? 你摸到什麼？
What do you feel? 你感受到什麼？

並在右頁空白處畫出／貼出你的顯化畫面

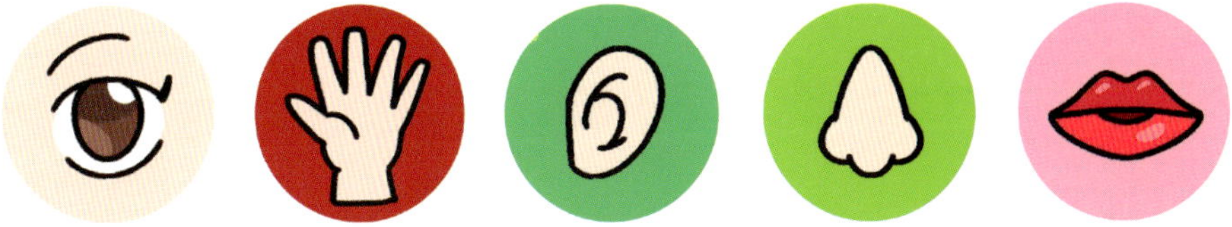

回憶錄魔法

想像自己坐上時光機,去到今年底或一年後
看到所有目標都已實現的生活
用感激完成／過去式,寫下屬於你的顯化成功回憶錄

【貼心小提醒】
越具體越好:利用 6W1H 和五感來創造畫面
寫下成功後的情緒與感受,例如:喜悅、感恩或滿足

寫完後,閉上眼睛
想像自己真實體驗這一切的發生與感受,就完成啦!

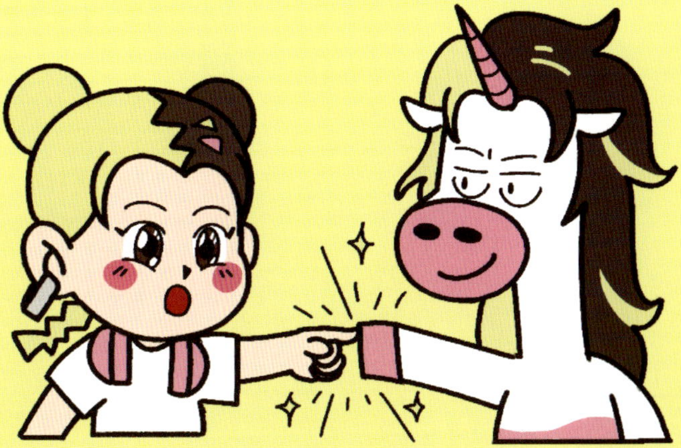

永遠不要忘記
你擁有無限的創造力與內在力量
並以愛與信念引導著自己的人生
相信我 你的顯化已經在路上
好好地活出自己最喜歡的人生吧！

證書頒發給

西元 〇 年 〇 月 〇 日

顯化小魔女／男 證書

恭喜你！

在這段奇蹟般的旅程中
你已展現出顯化小魔女／男的力量
成功運用宇宙的能量
吸引豐盛與幸福

書寫感激，是開啟奇蹟的第一步
如果這次的旅程讓你感受到力量，歡迎到 SuperMero 官網
挑選最適合你的魔法本本，讓感激的能量持續蔓延
為你的人生創造更多美好幸運的瞬間！

p.s.
為了表達對你的感激，九粒也特別為你準備了專屬優惠碼
只要輸入 `SOGRATEFUL` 即可現省 50 元唷！

SuperMero's 官網

SuperMero
顯化養成魔法手帳

作　　者	──	九粒 Jolie
企　　畫	──	九粒久利工作室
排 版 設 計	──	Room G Design Studio
插 圖 繪 製	──	寂寞鱷魚

顯化養成魔法手帳
Copyright © 2024 SUPERMERO. All rights reserved.

SuperMero's Instagram

九粒 Jolie Instagram

然這個療法尚未被科學百分百證實，但已有研究顯示它對於減輕焦慮、壓力、創傷後壓力症候群，就連身體疼痛和信念都有顯著的影響。這也是為什麼許多運動員、顯化大師，甚至是專業的醫療人士都會使用這個能量療法。

我也是因為去夏威夷進修工作坊時，認識到一個從事靈性療癒的超酷阿嬤，她因為知道我有點不舒服，就叫我跟她一起做 Tapping，沒想到原本已經深刻感覺到要生大病的我，竟然在沒有藥物的情況下，兩天內就復原了！

自從我在 IG 分享 Tapping 後，也不斷收到大家的心得見證。所以不試白不試，你也沒啥好損失！

我並不是有執照的 EFT 老師，這些分享都是自己研究蒐集來的。敲打哪一邊都可以，所以我自己喜歡都敲打，哈！每個老師都有自己的敲打風格和順序，但基本上就是那九個點。

情緒釋放敲打法

部位

1. 劈掌點：手掌外側，小拇指下方靠近手腕的位置，通常是開始時用來設置意圖的第一個點。
2. 眉頭點：輕拍眉毛內側的起點，靠近鼻梁的位置。
3. 眼外側點：眼睛外側靠近顴骨的位置。
4. 眼下點：眼睛正下方，顴骨上方的位置。

5. 鼻下點：鼻子與上唇之間的位置。
6. 下巴點：下巴中央凹陷處。
7. 鎖骨點：鎖骨下方，接近胸部的凹陷處。
8. 腋下點：腋下約 10 公分處，與胸部平行的部位。
9. 頭頂點：頭頂正中央的位置。

步驟

1. **想一個你想要療癒的主題**

    任何主題都可以。例如你感到難過、焦慮、生氣的事，或是你想要釋放的信念。

2. **評估這個主題的影響程度**

   在 0 到 10 的範圍內,評估這個主題對你的影響。0 分表示你完全不被影響,而 10 分表示對你有嚴重的影響。把這個數字記錄下來。

3. **開始敲打**

   從劈掌點開始,這個點只在第一回合一開始的時候敲即可,之後就可以從眉頭點開始。

4. **敲打句**

   說出:「雖然我 _____（想療癒的主題）,我全然地接受且愛我自己。」也可以在全然前面加上「願意」,加強相信你所說的內容。

   範例:

   ・情緒

   雖然感到憤怒／焦慮／悲傷／挫折,我願意全然地接受且愛我自己。

   ・事件

   雖然我們分手了,我願意全然地接受且愛我自己。

   ・信念

   雖然我覺得自己不夠好／必須完美／不被接受,我願意全然地接受且愛我自己。

   ・擔心

   雖然我擔心如果別人不開心,那一定是我的錯,我願意

全然地接受且愛我自己。

・期待

雖然我期待他這樣說／這樣做，我願意全然地接受且愛我自己。

5. **敲打方式**

・按照前面列出的部位順序，在每個點上，一邊說敲打句，一邊敲打，直到自己覺得差不多再換下個點。

・每換一個點，可以換一個想法或感受。

・請輕敲，別對自己太狠，讓自己透過敲打的過程，允許負面感受流動。

・不知道敲打句要說什麼，也可以請 ChatGPT 幫你生成，指令是：「我現在想要療癒（這個主題），請提供可以幫助我的 Tapping 敲打句。」

6. **重複敲打**

重複這個循環，直到感覺好轉，或最初評估的數字降低，就完成啦！

掃描 QRcode 跟著九粒一起做加速顯化的 Tapping 吧！

加速顯化的 Tapping

旅程四

視挑戰為顯化之母

宇宙：「我給你的挑戰是為了幫你調頻、升級，還有引導你走上正確的路，懂嗎！」

別把問題當問題，把它當成是升級！

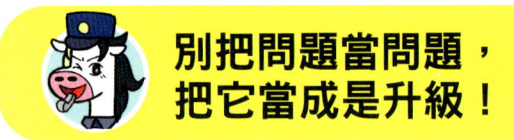

常收到很多私訊跟我說：「九粒，我都有照妳說的做，但還是碰到了這些問題⋯⋯」哎呀，別再把問題當問題啦！把它當成是你 Level up 的挑戰！人生就像是場遊戲，視角和心態決定了我們的行動和走向。不同的視角會帶來不同的選擇和結果，最終塑造了每個人獨特的人生體驗。

遇到挑戰的時候，可以問自己：「**這件事要是沒發生，我可能永遠學不到的東西是什麼？**」巴夏說：「一切都是在學習課題，而其中有些課題是關於如何不再以那種方式學習。」

不經一事，不長一智。但如果這件事讓你不痛不癢，我們就會這麼算了。如果這件事夠痛、刺得夠深，反而才會讓我們停下來反思，真正去學到一些東西。

就拿我們最愛的渣男課題來說好了，很多人習慣直接認命決定：「我就是渣男磁鐵。」這樣的話，什麼都沒有辦法改變。一旦認命，你就輸了。反之，如果我們痛到夠了，覺得 Enough is enough.（我受夠啦！），是時候突破這個課題了，就是你改變命運的轉折點。

九粒的戀愛路一直都滿坎坷的，直到我開始接觸吸引力法則及顯化，我才意識到：「Holy sh*t，我才是創造自己現實的罪

魁禍首。」是因為我自己的相信，才默默允許這些渣男糟蹋我。當有這個領悟後，發現原來我的自我價值竟然這麼低。我不愛自己到完全沒有設立健康的界限，讓自己無止境地委屈求全。於是，我開始睜大眼睛，不再忽略任何警訊，憑藉著多年的渣男經驗，我成了渣男偵探，更有效地辨識出誰才是真正值得擁有我的人。

接下來的發生更是曲折離奇。在得到這個領悟後，遇到了一個完全符合我理想型的渣男，約會幾次後發現：「完蛋，警訊實在太多了……」於是，我決定遵守對自己的承諾，改寫命運，不再接受自己是渣男磁鐵這個標籤，毅然決然地斷聯了這個渣男。

過了兩個月，我又遇到另一個事業有成的天菜渣男，但在看到太多可怕的大警訊後，我也一樣勇敢地斷了這段關係，接著遇見了當時人生中對我最好的男友。更驚訝的是，後來的每一段感情都比前一段更好，每一任男友竟然一個比一個更愛我，一個比一個更接近我心中理想伴侶的形象。他們不僅讓我體會到被深愛的感覺，更讓我逐漸明白，什麼才是健康、互相支持的關係。

我才驚覺：「哇！原來當我學會好好地愛自己、設立健康的界限和尊重自己價值的時候，宇宙真的就會回應我，帶給我真正值得擁有我的人。」所以，**宇宙其實不是「有求必應」，而是「有信必應」**啊！

作家朵洛莉絲・侃南說：「**Manifestation is not about receiving**

what you asked for, but is instead about receiving what aligns with who you are.」（顯化不是在於得到你所求的，而是收到與你內心狀態一致的事物。）

宇宙就是這麼酷，總是會派相對應的挑戰來看看你是否真的畢業了。其實，祂並不是故意要這樣考你，這些挑戰也是為了讓你看清楚，這是否真的是你想要的，和確保你是不是真的準備好接收你想要的顯化。

同時，宇宙也可能透過挑戰，給你機會看見自己的限制與能量。它們的出現，其實都是幫助你蛻變的過程，就像是一張邀請你打造 2.0 版本自己的邀請函啊！

重新定義失敗

朵洛莉絲・侃南說：「When you understand how to navigate the trials of the universe, you will discover that they're mere stepping stones, taking you closer to the treasures you were looking for.」（當你學會如何應對宇宙的考驗時，你會發現它們只不過是墊腳石，帶領你更靠近你要尋找的寶藏。）

以前很喜歡看迪士尼的《少年魔法師》，其中有一集讓我印象好深刻。女主角失戀非常難過，媽媽安慰她說：「這樣想吧，每一次的心碎都讓妳離真愛更進一步。」這句話每一次都會療癒經歷失戀的我。

但在現實生活中，我們太習慣把每一次的挫折都定義為失敗，讓這些經歷不斷加強內心那個「我不夠好」的限制性信念。

我從小就是個超級完美主義者，考不好就會一哭二鬧三撕考卷。當時，我只覺得自己不夠好，不能失敗。地理老師看我太崩潰，把我叫到辦公室，我哭著不停地責怪自己怎麼這麼笨，居然答錯那些不該錯的題目。這時老師問了我一句：「下次這些題目妳還會再錯嗎？」我含著淚，搖頭說：「絕對不會。」她微笑著回應：「那就對啦！幸好這次錯了！因為之後再遇到類似的題目，妳就會更加小心。寧願現在多錯一些，也不要等到重要考試時再錯，不是嗎？」

這句話讓我開始明白，**原來失敗並不是失敗，而是讓我們變得更厲害的機會！**每一次心碎，每一次錯誤，都是讓我們更靠近目標的一步。

你可以回想一下，讓你成長最多的經歷，是不是都來自挫折和失敗？所以下次遇到失敗時，記得對自己說：「感謝這個讓我 Level Up、變得更強大的機會。」

舊的不去，新的不來！

當能量頻率提升後，那些不再同頻率的人事物就會開始離開你的人生，可能是藉由分手、離職，或是朋友圈的轉換等等原

因。雖然當下會覺得 OMG，我的人生正在崩塌！但回過頭來，你一定會說：「好哩佳哉有那件事，不然我也不會有今天！」

我有一個朋友，她也是個顯化小魔女。最近她出了車禍，幸好人平安無事，但車被撞壞，而且修車費竟然比買車還貴。但她一點都不慌，因為她深信自己想要的那輛車已經在路上了。結果沒想到，保險賠償的金額就這麼剛好跟那輛車價格一樣！

每一次的崩壞都是重生。 我還記得當年我因為憂鬱症陷入深淵，甚至嚴重到那陣子每天都在祈禱死神「帶我走～～」。但如果不是那段低潮，我也不會接觸到《祕密》這部紀錄片，然後開始研究吸引力法則，最終成為顯化小魔女。

在成為小魔女跟顯化的旅程上，幸好我做了這個重要的決定──從「你的英文 Bestie」教學的職涯轉型。當時我發現，每次上課都感覺自己像行屍走肉，完全看不到這條路的未來。然而，正是這份挫折感讓我下定決心轉向新的方向──創作音樂，並分享這一路以來的顯化旅程和魔法。好慶幸當時做了這個決定，讓我能透過音樂做有趣的業配，還成立了顯化手帳品牌 SuperMero，成為大家的顯化小魔女。同時我也發現，賺錢根本不用這麼辛苦！它其實可以這麼有意義跟快樂！

另外最好的例子，就是情侶分手。要不是和不對的前任分開，你怎麼會有機會遇到更好的現任呢？別再緊握那些不再適合你頻率的人事物。**If it's meant to be, it'll be.（是你的，就是你的！）**不要害怕放下，因為如果不放下，你的頻率就會卡在原

處，那就繼續顯化你原本的人生囉！（有沒有聽到我賤賤的語氣呢？）舊的不去，新的不來。如果你的生活裡都是雜物，宇宙到底要把祂的禮物放哪裡呢？

每一次的崩壞其實都是宇宙在幫你大掃除！

共時的發生＝宇宙的訊息

顯化發生前，你會發現很多的共時（有意義的巧合）。比如你想要顯化另一半，結果突然發現周圍的朋友，一個接一個開始談戀愛；或者你想要一輛 Tesla，結果你走到哪都看得到 Tesla。每當你看到那些夢寐以求的東西，其實是宇宙在給你「你跟顯

化的距離正在靠近！」的信號，但同時也是宇宙在測試你的頻率，確認你是否跟它同步，且準備好迎接即將到來的顯化。

2021 年，我決定製作人生中的第一本顯化手帳──《Make It Happen》。在製作的過程中，收到在美國好友的訊息。她說在整理我的舊物時，找到了一本筆記，問我要不要留著，並傳了一張照片給我。沒想到，那本筆記本上竟然就寫著「Make It Happen」。我當下就覺得，這不是巧合，這是宇宙在對我說：「Keep going! You're on the right path!」（繼續向前吧！你正在對的路上！）

果然，這一切促成了今天 SuperMero 品牌的創立。

最近，我也在思考是否該開一間結合身心療癒課程的咖啡廳，但由於自己沒有相關背景，想先問問前輩馬哥的想法。結果，最神奇的共時發生了！馬哥跟我說他最近有點忙，問我星期五要不要直接去他的咖啡廳辦的身心靈之夜聊聊。我整個嚇到！一個禮拜後，我去了宜蘭一家很喜歡的咖啡廳，剛好遇到年初認識的可愛老闆 Chloe。結果聊著聊著，我發現 Chloe 不僅是這家咖啡廳的老闆，還經營補習班，她甚至告訴我，最近也想在臺北開分店！我想說，天啊！宇宙也對我太好了！在這麼短的時間內，送來這麼多貴人。我知道，宇宙其實在對我說：「妳別怕！有我罩妳！勇敢衝吧！」

有時候，宇宙會給你一個又一個的信號，指引你該怎麼走。這些共時的出現，就是宇宙給你的綠燈，鼓勵你：「Go for

it! 去吧,神奇寶貝!」但也有可能是在說:「Hold up! 等等!」讓你停下來,覺察並調整自己的內心狀態和能量,還有確認這個顯化是否真的來自內心的渴望。

> **TIPS!** 變身顯化小魔女／男的祕訣:只要堅定地跟隨內心的熱情,宇宙就一定會為你鋪好路,一切也都會在最完美的時機到來。敞開心胸,保持覺察,這些宇宙的信號就會成為導航,帶我們走向最豐盛的未來。

那該怎麼辨識宇宙給的是綠燈還是紅燈呢?當你看到共時的出現,但感覺沒有這麼正面,甚至讓你有點困惑,這時就要注

意了！這很可能是宇宙在對你說：「該調整一下囉！」像是：

1. **反覆遇到挑戰**：如果在某件事上四處碰壁，這可能是宇宙在提醒你，好好檢視是不是有什麼限制牆一直在阻擋你前進！（挖掘潛在限制信念）
2. **看／聽到擔心的訊息**：如果經常遇到讓你不安的話題或訊息，這可能是宇宙在說：「正視心中的負能量，並且釋放它！」放下恐懼，讓自己覺察並接納這些情緒，允許它們自然流動，這樣才能更順利地跟你的願望同頻喔！
3. **感覺不到正向流動**：如果某個共時讓你覺得迷茫，或者缺少那種「綠燈」的肯定感，這可能是宇宙在暗示：「請按下『重新整理』，調整一下能量囉！」千萬別忽視這些小提醒，因為唯有跟自己的願望對頻，才能顯化成功啊！

不誇張，當我開始注意這些共時的信息，並且跟隨它們，都會得到不可思議的驚喜和收穫！

前幾個月我在美國進修時，腦中一直浮現之前在夏威夷認識的貴人大叔 Barry。更扯的是，我在課程中遇到一個長得超像 Barry 的大叔 Chris。沒想到就在認識 Chris 的當天，Barry 就發了訊息給我！他問：「有時間通個話嗎？」通常我不太喜歡講電話，但這麼巧的共時發生，肯定是宇宙的安排，我一定要接這通電話！

結果，這通電話竟成了這本書的大功臣，Barry 跟我分享了好多巴夏的教導。於是，我開始深入研究巴夏的影片，讓原本因

為寫這本書感到焦慮的我，瞬間靈感大爆發！

另一個故事是關於 Tapping 這個神奇的能量療法。其實很多年前我就知道它的存在，但一直覺得自己沒什麼資格去分享，所以遲遲沒有行動。就在一、兩個月前，我開始瘋狂看到各種 Tapping 的影片，心想，該不會是宇宙在提醒我：「是時候分享 Tapping 了吧！」結果就在那個禮拜，我的舞蹈老師 Jazzmine 突然問我：「妳知道 Tapping 嗎？」那一刻我彷彿聽到宇宙的尖叫：「妳別再拖了！趕快給我分享 Tapping！！」

果然，一分享就收到了許多奇蹟般的回饋，短短兩個禮拜內，還增加了三千多個粒寶！所以，真的不要小看共時的訊息啊！

解鎖顯化過關金手指

人生就是場遊戲。想像原本是麻瓜（過去的你）跟已經是顯化小魔女（理想的你）是不是有不同的信念、自我概念，跟情緒感受呢？兩者之間的距離就是依附跟恐懼。

依附就像一條看不見的繩子，綁著你跟過去、現在、信念和結果的執著。就像一個沒上過學的小孩，如果他巴著媽媽的腿不肯放開，放不下對母親的依賴，他就沒辦法體驗新的人生。所以，當我們死抓著手中的東西不放時，就無法去接收更好的事

物。

再來,恐懼就像是另一條看不見的鎖鏈,束縛且阻礙著我們的升級。這個恐懼來自對未知的害怕、失敗的擔憂,以及改變的抗拒。我們太害怕失去現有的一切,也不願面對劇烈的改變,所以選擇繼續待在舒適圈。於是,這些恐懼就不斷地綁架著我們,讓我們停滯不前。

「你對某件事物的依附越深,就會越害怕它的反面出現。」

麻瓜
依附
恐懼
顯化小魔女

The root of suffering is attachment and fear.
True freedom is letting go of what we think we need.
痛苦的根源在於執著和恐懼,
而真正的自由在於放下我們以為需要的一切。

我也常收到這樣的私訊：「我是不是哪裡沒做對，才會一直出現挑戰？」想像當你遊戲升等的時候，是不是就會遇見更有挑戰性的關卡跟魔王？如果沒有接受這些關卡，怎麼累積經驗值？怎麼升級呢？

你肯定會問：「可是為什麼有些人這麼會開外掛，人生超順利？」

> **TIPS!** 開外掛的兩個祕訣：
> 1. **放下對於結果的執著。**
> 2. **不帶恐懼地向前行。**

拿我創業的故事當例子好了！很多人常說：「哎……創業很困難。」「創業需要很大的資金跟背景。」殊不知，這些相信正是阻擋他們成功的原因啊！

我剛開始的時候，完全不帶任何期待，什麼公司要多大、會賺多少錢，對於結果零執著，就是專心做好眼前能做的事。也不知道是哪裡來的自信，堅信：「沒有什麼不可能的事！只要有心，任何事都有可能！」也是因為這個相信，讓我在創業的路上相對幸運許多。

再偷偷給你開掛的金手指：**透過不斷校準你的信念，讓它們與顯化的你能量一致，就能輕鬆略過那些挑戰！**

但如果開不成金手指也沒關係！這邊教你過關的攻略：

1. 理解當下的關卡都是為了你的最高利益，並從中汲取學習

有句顯化界常講的話我很喜歡：「Everything is happening for your highest good.」你可能不理解為什麼現在會遇到這些挑戰，但請記住，一切的發生都是為了你的最高利益。當面臨挑戰時，試著問自己：**「這個關卡想教會我什麼？」**這樣可以幫助你將注意力從困難本身轉移到潛在的學習機會上，更容易接受並從中獲益。

2. 練習用顯化後理想的自己會有的想法及信念行動

當我們在面對挑戰的時候，除了秉持理想的自己會有的想法以外，最重要的一點就是做出跟顯化成功版本的自己一致的行動。畢竟，跟宇宙下訂單可不是光訂不做哦！你可以問自己：**「如果我是已經顯化成功的自己，我會怎麼做？」**然後，根據這個答案來行動。

3. 覺察依附和恐懼，並剪斷它們！

那要怎麼覺察依附和恐懼呢？

① 觀察你的情緒反應

如果面對某個情境或想法時，你感受到強烈的情緒波動（如焦慮、害怕、壓力），這往往是依附或恐懼的信號。問問自己：「這些情緒是在害怕失去什麼嗎？還是太執著於結果了呢？」

舉例：你正在等待一個重要的工作機會，但遲遲沒有消息，開始感到焦慮和擔憂。這時候就可以問自己：「是不是害怕如果

沒有得到這份工作,會讓我失去自信或安全感?我是不是對這份工作的結果太執著了?」

②注意腦中的聲音

如果發現自己腦中的聲音開始在跳針,困在同一個故事裡,這很有可能就是依附或恐懼在作祟。

依附:「我不能沒有＿＿＿＿＿。」

「沒有＿＿＿＿＿,我就完蛋了!」

恐懼:「萬一我嘗試了,卻又失敗怎麼辦?」

舉例:你一直在考慮是不是該跟心儀的他／她表白,但內心卻不停地擔心會被拒絕。這時候,問自己:「我是不是太在乎對方的回應?太害怕如果被拒絕會傷害到我的自尊?」

③問自己:「如果失去這個會怎樣?」

當發現某個東西、關係或結果變得過於重要,導致你感到壓力或恐懼時,問自己:「**如果我失去這個,最糟會發生什麼事?**」這樣的問題可以幫助檢視自己是否有過度的依附或恐懼。

舉例:你總是擔心伴侶會離開你,導致你常常處於恐懼裡。問自己:「如果伴侶離開我,最糟會發生什麼事?」你可能會說:「我會覺得自己不夠好。我是不被要、不被愛的。」這樣的回答就可以幫助你看到潛意識中,隱藏的各種限制性依附及恐懼,例如對自我價值的懷疑、害怕孤單、對愛的匱乏感,甚至還可能包含對失去控制的恐懼。

透過這些方法,你可以更清楚地了解自己內心的依附和恐

懼，進而運用〈旅程三〉的魔法來清除它們。

別肖想在舒適圈裡找到夢想！給我放下恐懼，大膽地跨出去！顯化小魔女的修煉就是學會在不舒服的環境中，也能自在應對！

顯化小魔女的避雷指南

請跟你的顯化（目標）平起平坐！

千萬不要把想要的顯化放得高高在上！如果你認為你的顯化遙不可及，甚至比你「更好」，那麼顯化就會變得困難，因為你的內在頻率和目標頻率不一致。當我們習慣性地矮化自己，認為自己不配擁有那些美好的事物，這種低頻信念會阻礙顯化的進程。

吸引力法則的核心是：你吸引的不是你想要的，而是你所「成為」的能量頻率。如果你覺得你的顯化與你是「不同世界」的，那麼你的現實就會持續反映這種距離感。因此，請務必提醒自己：「**我想要的顯化也想要我，我絕對值得擁有我所期待的美好。**」

建立與目標一致的信念和感情，不是勉強自己，而是一步步讓自己相信：「我是夠好的，這些美好的事物是我應得的。」

當你的內心真的感覺到滿足、豐盛和配得感時，顯化自然水到渠成。

當顯化高高在上

當你跟顯化平起平坐

"Your vibration creates your reality. Match the frequency of the life you want, and you cannot help but attract the life."
——Albert Einstein

「你的能量創造了你的現實，將你的能量頻率與你想要的生活的頻率對齊，你將不可避免地吸引那樣的生活。」
——亞伯特・愛因斯坦

記得，我們都是根據自身的能量跟信念在顯化。當還沒有顯化成功時，莫急，莫慌、莫害怕！因為**「Where awareness goes, energy flows.」**（你的注意力在哪裡，能量就流向哪裡）。當你越專注在「為什麼還沒有得到我想要的」，就會越顯化出「我沒有得到」的現實。所以要意識到，現在的現實只是舊版本的我之前的想法和能量的顯化，現在的你，已有足夠的力量及選擇，改變想法和能量，進而改變未來的現實。

不乖乖聽內心真正的渴望，小心它以最悲劇的方式顯化！

兩年前，我開始一人分飾多角，從事多項工作，包括英文教學、提供專業英文命名服務、管理 SuperMero 顯化手帳品牌，還同時經營三個社群帳號。

因為工作太多，幾乎沒有休息的時間。其實，我常常聽到內心在吶喊：「該休息了！」但身為一個工作狂，怎麼可能如此輕易地放過自己呢？沒想到，就因為我沒有乖乖聽從內心的聲音，悲劇發生了⋯⋯

那天，我人生第一次因為踩到自己的褲腳，加上靴子太止滑，結果跌下樓梯。好幾個禮拜都不能正常走路，被迫在家休息。沒錯，我內心的渴望顯化了，而且還是以最悲劇的方式發生。這也是為什麼我想提醒大家，千萬不要忽略內心的渴望！

如果你不跟隨內心的聲音，它很有可能會以你最不想見到

的方式出現。

那麼該如何辨識內心的聲音？

小我？高我？冥想來搞清楚！

當你聽到內在的聲音時，停下來問自己：「**如果我跟隨這個聲音去做這件事，會有什麼感受？**」如果感覺到平靜、放鬆且有方向感，那它很有可能就是高我的聲音；但如果會讓你感到焦慮、壓力、恐懼，這多半是小我在作祟。

不過，在辨識的過程中，小我有時會出來「搞怪」，用恐嚇般的話語阻止你做這件事，例如：「如果你休息，就會失敗！」進而讓你感到害怕和焦慮。那你就知道這一定是小我在吵。所以，辨識的關鍵在於直覺地去感受。以我的例子來說，我聽見了

兩個聲音，一個是：「該休息了！」一個是：「你不准休息！」

這時候就可以自問：「如果我休息，我會有什麼感受？我會感到放鬆、穩定、更加有動力。」「如果我不休息，我會有什麼感受？我會感到更有壓力、焦慮、疲倦。」這樣是不是就清楚很多了呢？

當挑戰不斷重演，代表你尚未過關！

如果發現類似的挑戰一直在重複發生，那就要好好地內觀了。前面有提到，挑戰就像遊戲中的關卡，目的是幫助我們升級。但如果你還是沒有從關卡中學到應該學習的功課，宇宙就會不斷重複給你同樣的關卡，直到你真正領悟為止。也就是說，它們再三的出現，其實是宇宙在提醒你：「親愛的，這一關還沒過啊！」

那就要請你反思這兩個問題：

1. **不斷創造出這個關卡的信念是什麼？**
2. **我必須從這個關卡得到的學習及升級的信念是什麼？**

就拿九粒以前的渣男關卡來舉例：

【不斷創造出渣男關卡的信念】

1. 我是個渣男磁鐵。
2. 我不值得被愛。

3. 適合我的伴侶根本不存在。

【從渣男關卡中必須得到的學習及升級的信念】

1. 我是個渣男磁鐵。
   - 學習：我需要學習辨別並遠離不健康的關係模式，學會尊重自己的需求和界限。
   - 升級的信念：我有能力吸引到尊重我、珍惜我的健康伴侶，並且與我相互成長。
2. 我不值得被愛。
   - 學習：我需要學會愛自己，理解本身的價值與獨特性，無須依賴他人來證明。
   - 升級的信念：我是值得被愛的，值得擁有健康、真誠、充滿愛與關懷的關係。
3. 適合我的伴侶根本不存在。
   - 學習：需要學會相信我的需求可以被滿足，並且世上有與我頻率相同的伴侶。
   - 升級的信念：適合我的伴侶一定存在，並且會在對的時候出現在我的生命中。

一旦你從中得到那一關要給你的學習和升級的信念，你才能打破吸引渣男的循環，過關邁向擁有健康的關係。

顯化一直沒發生,怎麼辦?

超常收到這種私訊:「我都有照九粒說的做,為什麼還是沒有顯化?」

各位,顯化不是交考卷,不是考對了,宇宙就給你一百分。當顯化一直卡住的時候,我們可以去看兩樣事物,就是隱藏在潛意識中害怕失去的東西跟好處。

1. 害怕失去的東西
①如果這個願望實現了,我最害怕失去什麼?
假設你想要自己創業,但遲遲沒有行動。可以問自己:

「如果我真的創業了，我最害怕失去什麼？」
可能的答案是：「我害怕失去現在的穩定收入和工作舒適感。」
②有什麼東西是我現在不想放下的？
答案可能是：「現在的工作讓我有安全感，擔心創業可能會面臨財務不穩定。」
③「是否有什麼改變或代價，讓我抗拒願望的實現？」
答案可能是：「如果創業成功了，我就得犧牲目前的時間自由，承擔更多的責任和壓力。」
這樣捫心自問，你就能看清楚你到底都在拿什麼石頭砸自己的腳腳了！

2.隱藏的好處
①這個願望沒有實現，背後隱藏的好處是什麼？
②現狀有什麼好處，讓我下意識地不想改變？
當我一開始聽到顯化不成功的原因，是因為我的現況有隱藏好處的時候，真的傻爆眼。現況慘成這樣，到底是有什麼好處？但其實是因為這些好處都隱藏在你的潛意識裡，所以你的表意識當然看不到！所以真的要 get real with yourself，好好想想現況給你的所有甜頭。
舉例：
①沒有創業，背後隱藏的好處是什麼？
可能的回答是：「現在有穩定的收入和固定的工作，我就不

必承擔創業失敗的風險,也不用面對不確定的未來。」

②現狀有什麼好處,讓我下意識地不想改變?

可能的回答是:「現在的工作時間比較規律,下班後可以自由支配時間。創業感覺時時刻刻都要工作,太累了。現況其實感覺滿安全的。」

如果你還是想不出來也不要緊,ChatGPT got your back!

【ChatGPT 指令】

「我想要顯化＿＿＿＿＿（你的目標）,但一直沒有成功。（也可以多說一些你和這個目標之間的歷史,讓 ChatGPT 更了解你的狀況。）我想知道＿＿＿＿＿（附上前面所提的問題)」

唯有看見綁架你顯化成功的綁匪（害怕失去的東西及隱藏的好處）,我們才能脫離它們的限制,成功顯化本來就屬於自己的美好人生。

害怕失去　　　　　　　　　　隱藏好處

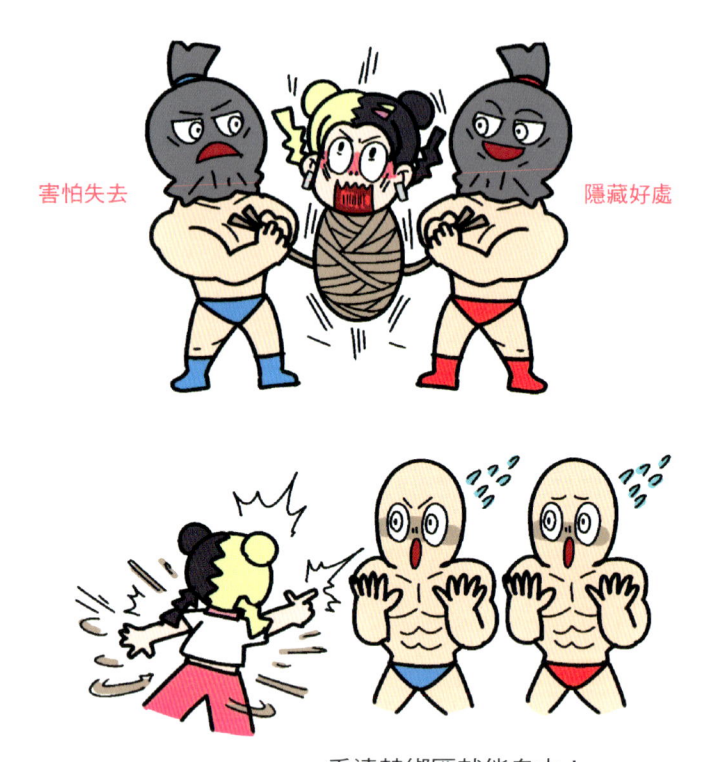

看清楚綁匪就能自由！

旅程五

放下控制，享受旅程

宇宙：「別再問我什麼時候啦！放心放輕鬆！相信專業好嗎？」

條條道路通羅馬

每個人都有能力改變自己的注意力,這代表我們可以隨時更換大腦濾網,從而改變對外界的感知與回應。再來,當專注於你想要的顯化時,不必過度擔心它會如何到來,因為條條道路通羅馬。就像如果你要從臺北到高雄,有很多不同的路徑和交通工具——開車、火車、高鐵,甚至是走路(但可能會累死)。這並不是要你完全放空腦袋,而是要敞開心胸,接受各種可能性,避免被自己限制住。

如果想要顯化美好的愛情,你就會開始思考有哪些管道可以認識到這個對象。像是網路交友、朋友介紹、相親等等。但你是不是會對一些特定的管道感到特別抗拒呢?

我以前可是完全不相信在酒吧會遇到好對象的人,對於在酒吧認識的人充滿了各種批判跟不好的相信,像是「在酒吧認識的人一定都很愛玩」「在酒吧認識的人一定都是渣男」等等,所以對去酒吧認識人一直都感到興致缺缺。直到去年年底,我跟團隊晚上開完會,突然有個想去酒吧的衝動。我也很順著這個直覺跟團隊說:「我們今天去酒吧玩,好不好?」沒想到就在那天,認識了我現在的另一半。要是我還死不放掉那個「在酒吧不可能遇到真愛」的信念,就不可能遇到我的伴侶。所以放下你的成見吧!這樣才能讓宇宙有更多的管道可以出貨給你!

條條道路通顯化

**What you want doesn't have to come in the way you planned.
Let go of the 'how' and trust that
the Universe will deliver in the best way possible.**
你想要的,不一定會按照你的計畫到來。
放下對「怎麼實現」的執著,並相信宇宙會以最完美的方式交付給你。

放下控制

Inspired by @mindfulenough

發生的事情

過去

未來

別人的行為

我能控制的

我的界線　我的想法&行為　我的目標

我專注的東西　我怎麼跟自己說話

我怎麼應對挑戰

別人對我的看法

我努力的結果

別人的想法　別人怎麼照顧自己

我不能控制的

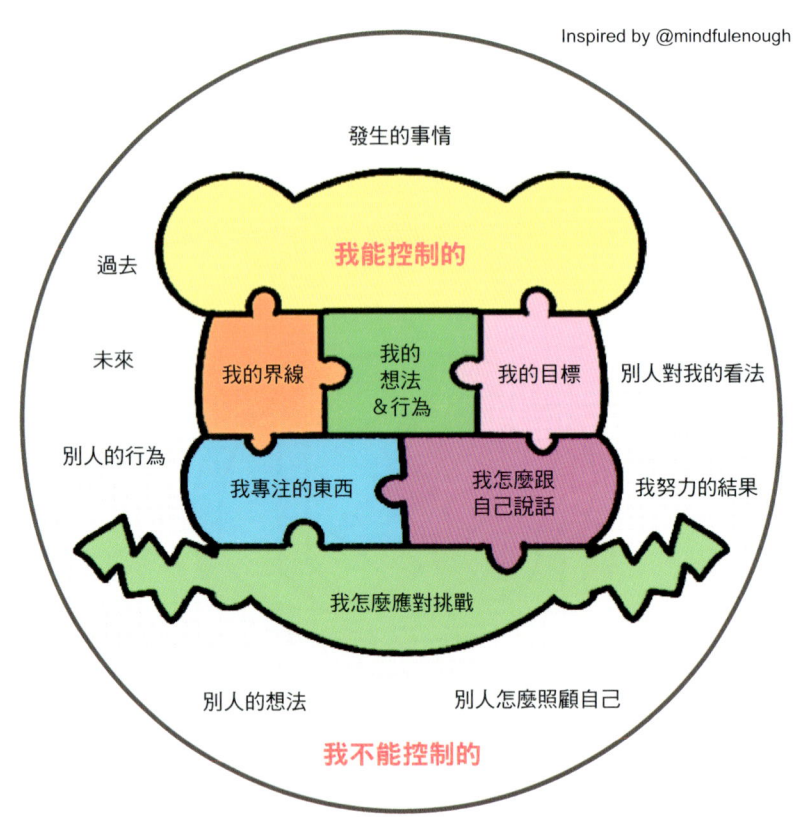

我能控制的 vs. 我不能控制的

　　有沒有發現人類真的好喜歡糾結在無法控制的東西上？以前的我，常常會因為自己的努力沒有得到理想的結果，或是別人對我的看法而感到崩潰。直到看到這張圖，我才徹底醒悟。

原來會這麼痛苦，是因為我們一直試圖去控制本來就無法控制的東西。而且，這種執著還會讓我們忽略真正可以掌控的部分，造成更多的損失。所以，**放下對不可控事物的執著，把注意力放在真的能掌控的地方上，才能更有效地前進。**

兩年前，我的 Instagram 帳號被盜了，當時那個帳號已經有兩萬五千的追蹤數。雖然一開始有點小緊張，但卻意外地淡定，因為聽到一個聲音對我說：「妳放心，救得回來的！」於是，我帶著信心一邊研究如何拯救帳號，一邊告訴自己：「沒關係，一切都會沒事的。」很幸運地，在三天內找到一個白客，救回了帳號。

倘若當時被恐懼吞噬，急於恢復帳號而陷入焦慮和恐慌，我可能就會被那個黑客騙得團團轉，無止境地浪費時間和金錢。慶幸的是我保持冷靜，站穩了腳步和心態，才在短時間內找到最適合幫助我的人。

你或許沒有辦法改變發生的事，但絕對可以選擇如何去面對它。

當你用更正面的心態去看待發生的事，專注在能掌控的地方，且信任這個過程最終一定會有利於你時，就一定能化腐朽為神奇！

放下法則

開始接觸吸引力法則及顯化後，對我來說，最困難的就是顯化大師們說的：「Set it and forget it.」（下好清單就忘掉它！）一開始看到想說：「有事嗎？怎麼可以忘掉我的顯化清單！這樣就不會顯化了啊！」後來才發現，原來他們說的「忘掉它」只是要我們學會放手，信任宇宙的過程，不去擔心、控制、執著它應該怎麼發生，而是安心地跟隨宇宙之流就好——這就是「放下法則」。

於是我開始練習放下法則的核心思想：「**一切都會在最適合的時機，以最好的方式發生。**」然而，我們往往習慣控制一切，堅信自己所認為的「最適合」和「最好」就是最完美的選擇，卻不知道宇宙真的有更好的安排等待著我們。

加州大學洛杉磯分校（UCLA）曾經是我夢想中的學校，當沒有考上的時候，我超級難過，覺得一定是因為我不夠聰明、不夠有才華。但現在回過頭來，覺得過去的自己也太傻了吧！怎麼會因為沒有考上就如此否定自己！後來我放下對這間學校的執著，接受考上的紐約電影學院（NYFA）。也好險後來去念的是這間學校，我才能在最短的時間內畢業，拿到演員簽證，闖蕩好萊塢。我才意識到：這就是放下法則啊！不要被社會定義的成功之路給騙了，什麼一定要上哪個學校、進哪個公司才會成功。

That's full of crap!（這是啥大便話！）前面說過了，條條道路通羅馬！很多時候，你以為的路，可能不是最適合你的路，但宇宙絕對正在鋪你現在看不懂、但最好的路給你。

隨著越來越理解放下法則的核心，我也開始意識到，當過度專注於結果時，不僅會影響顯化的速度，還會錯失過程中的美好體驗。同時，也會覺得顯化怎麼這麼慢，進而產生不必要的焦慮。就像是你在按摩時，一直擔心什麼時候會結束，根本無法體驗到過程中的舒服啊！

一定要時不時地提醒自己：**我們擁有的，就只有現在**。一直把能量專注在已經回不去的過去跟還沒發生的未來上，就會錯失當下，無法真正享受和發揮此刻的力量。

亞伯拉罕・希克斯常說：「Life is supposed to be fun.」（人生本來就應該是充滿樂趣的旅程。）但是我們從小就被洗腦，相信人生本來就是辛苦、殘酷的，於是便隨著這個信念，活出了這樣的現實。

真正的祕訣是：活在當下，且享受每一分、每一秒。

你的當下＝你的禮物

當你把當下視為珍貴的禮物,你將會收到更多的驚喜。

你的堅持會成為你的限制

THE HOW IS NOT YOUR JOB!!!

(宇宙要怎麼顯化你的願望,真的不關你的事!)

我們常常會被自己的理智腦給困住,有個目標以後,就會開始設計達到目標的最短路徑。但當我們決定只有這一條路徑可以快速達到目標,這樣同時也會遮蔽掉其他的可能性。這也再次驗證我最愛說的金句:「**你的堅持,很有可能會成為你的限制。**」

我以前的夢想是到美國迪士尼當演員，因為我真的很哈《小查與寇弟》裡面的寇弟。所以在西雅圖讀完大學後，就轉學到紐約電影學院的洛杉磯校區就讀，讀完後，我也利用OPT（校外工作許可證）在好萊塢闖蕩了一年。之後，憑著這一年的成績，很幸運地拿到比中樂透還難的「O1藝人簽證」。這個簽證一辦就是一年，一花就是三十萬，也只換來了三年的藝人簽。沒想到一年後，疫情爆發了，為了求生存，只好先回來臺灣。當時的我，完全無法理解為什麼會發生這種事。但我安慰自己：「Everything happens for a reason. And everything is a lesson.」（事出必有因，一切都是學習。）

　　回過頭來看，才明白原來宇宙真的都有更好的安排！我原本的人生目的，就是透過自己的力量帶給更多人歡樂，進而改變世界。從來沒想過，我會用現在的這種方式實現它！而且，還比原先的計畫好太太太多了！

　　如果不是疫情，我就不會回臺灣。

**Rejection is the Universe's protection.
被拒絕其實是來自宇宙的保護。**

如果不是疫情，我就不會成為今天的顯化小魔女。

如果不是疫情，我就不會創立我透過手帳療癒上萬人的品牌SuperMero。

很多時候，你看似被宇宙拒絕，但其實那都是宇宙在保護你和引導你去到更好的路上。

麥勾限制你的顯化啦！

常常收到許多人私訊問我：「要怎麼顯化跟前任復合？」我每次都會搖頭想著：「明明宇宙就有更好的要給你，你到底為什麼要緊握這根可能不再適合你的草呢？」

咱們常常有的迷思就是：「我們要的，一定就是對我們最好的。」不！不！不！宇宙可是有更好的安排啊！除了前面的故事可以證明我們原本的計畫根本比不上宇宙的安排，我還可以跟你分享另一個故事來證明！

還記得〈旅程三〉提到我簽給了媽媽從小就希望簽到的超大咖經紀人嗎？我萬萬沒想過，簽了以後，竟然會六個月只接到一份工作，還因為經濟壓力再次陷入憂鬱。這時才徹底意識到，原來我們自以為的美好，可能只是一場「美好」的誤會。只有當放下那些錯誤的期待，給自己留出空間時，宇宙才能把祂早已準備好的更好安排，帶到我們的生活中。

再次提醒大家，不要執著於自己應該怎麼走才能達到顯化的目標！我小時候還曾經跟自己說過：「打死我也不當老師。」結果還真的誤打誤撞當了英文老師，哈哈。不過，好險我沒有阻止自己做這份工作，不然也不會因此發現自己寫歌的才能。

　　故事是這樣發生的：當時我在製作 VoiceTube 的英文口說線上課程，需要一個吸引人的行銷影片。我的剪輯師兼好友 Ula 就提議：「妳要不要寫一首宣傳課程的饒舌歌？這些 Beats 給妳，妳試試看！」幸好，我沒有因為自我懷疑阻擋自己嘗試，接受了這個改變我一生的提議。沒想到，這首歌大受好評，我就這樣發現了自己寫歌的潛力。所以，放下你的控制，讓宇宙帶你走向意想不到的驚喜吧！

不管發生什麼事,都是好事!

在夏威夷進修時,一位女生上臺提問亞伯拉罕老師:「不管是什麼事,我都想要掌控它,但這種控制欲讓我活得非常痛苦。就像是明明已經提早出發了,但最後還是遲到。我感覺我完全無法控制自己的人生,也因此感到非常焦慮。」

接著,老師的話震撼了全場。她說:「**Whatever happens, that's just right.**」(不管發生什麼事,都是對的事。)

如果你現在遲到了,That's just right!

如果你現在做錯了,That's just right!

不管你經歷著什麼,That's just right!

既然沒有辦法改變已經發生的事,那麼能做的就只有允許它、接受它,不要讓這件事情的發生,毀了一整天的能量,畢竟那樣也太因小失大了吧?

我曾在 IG 上分享一個故事:如果你有 86400 美元在銀行戶頭裡,然後有個小偷偷偷地把裡面的 10 美元給偷走了,你會氣到把剩下的 86390 美元丟掉嗎?

應該不會這麼傻吧?!其實,我們每個人的每一天都有 86400 秒,不要為了那 10 秒鐘的不順心,打壞你的一整天!

你的現今等於你的現金!不管好壞,好好地接納所有的發生吧!

再分享另一個改變我人生的小故事：

在一個小鎮上，有著賣傘的兩間小店，一家是老張開的，一家是老李開的。

老張每天都在祈禱下雨，因為他覺得只有在雨天，他的傘才賣得出去。晴天一來，他就愁眉苦臉，覺得：「完了……今天又沒生意了。」

老李則是無論天氣怎樣，總是笑臉迎人。晴天時，他對客人說：「這天氣真不錯，真是出門散步的好日子！帶上把傘，遮陽又防曬，走路特別舒心！」雨天時，他就會說：「這雨下得真夠意思！撐上我的好傘，保證你一路乾爽。」

結果，老李的生意越來越好，而老張的店卻漸漸冷清。

這故事告訴我們，心態決定一切。當你能用不同的角度看待問題，保持積極，無論什麼天氣，都能找到屬於自己的彩虹。

很多人常常問我到底為什麼可以時時刻刻都這麼正能量，我要先聲明：我真的不是每天都這麼正能量啦！我只是持續地學習和練習適時地調整能量，也就是靠不斷地轉念，所謂的「**山不轉路轉，路不轉人轉，人不轉心轉**」。

今天遲到了，你可以選擇無限責怪自己，讓自己一整天都氣噗噗地活在後悔裡。或者，你可以選擇接受遲到這個事實，利用額外的通勤時間冥想、聽 Podcast 等，把這段時間當作是宇宙要給你多休息或自我提升的機會。

這兩個選擇都會引領你到不同的一天。

If I react to the problem, then I become the problem.
（如果我對問題反應過度，那麼我就成為了問題。）

未來當你遇到問題的時候，請問問自己：「**現在的我，可以選擇怎麼處理，來得到最好的結果呢？**」

無論我們經歷什麼，都是旅程的一部分。所有的發生都是宇宙精心安排來幫助我們成長跟進化的。放下對控制的執著，好好地接受當下的每一刻。當你越能接納所有的發生，你就會發現：「天啊！事情真的越來越順了欸！」

遇到問題時，你有兩個選擇：

A. 讓自己氣到花轟　　　　B. 這是個成長的機會！

這碗感到滿足，才有更好的下一碗

　　人類為什麼活得這麼辛苦？最主要的原因就是我們總是覺得：「這不是我要的。」「這樣還不夠！」這種心態就像臺語說的：「食碗內，說碗外。」明明手上擁有這麼多，卻總是嫌不夠。

　　過去和未來其實都不存在，只存在於人的對話和自編的故事裡。正因如此，我們常常陷入選擇的困境，擔心選錯會導致不好的結果。但其實每個結果都是對的，因為人生只有一次，在當下也只能做出一個選擇。那又何必後悔自己的決定，或者幻想沒有被選擇的路會更好呢？我們根本無法知道，也無從比較，不是嗎？

　　就像在一段美好的感情裡，很多人還是會擔心：「是不是還有更適合我的人？」這種不滿足的心態往往就破壞了一段原本可以很美好的關係。

　　當然，我並不是說應該安於現狀，而是提醒自己不要讓自己的不滿足剝奪了當下的幸福。正如哈佛大學心理學教授艾倫・蘭格所說：「**Rather than waste your time being stressed over making the right decision, make the decision right.**」（**與其浪費時間在擔心是否做了正確的決定，不如讓這個決定變得正確。**）

　　當你能尊重自己所做的每一個決定，並且充分利用當下的

每一個體驗,就能從中找到滿足。如果無法學會滿足,那麼永遠無法顯化出你想要的結果。人生並不是追求完美,而是將當下的一切發揮最大價值,讓每個決定都成為通往理想結果的正確選擇。

　　吸引力法則的核心是能量吸引能量。如果你一直處在不滿足的能量,那麼你當然就會不斷地吸引更多的不滿足。然而,當你能在當下找到滿足和感恩的時刻,你就會開始吸引更多讓你感到滿足和感恩的體驗。

當你越 Relaxed，高我越出現！

　　很多人都誤以為自己沒有直覺，殊不知每個人其實都有這個能力。直覺到底是什麼？它可以被視為來自高我的指引。高我就是那個最有智慧、最有愛、最 real 的自己，高我會透過直覺引導我們走上屬於自己的道路。

　　你一定想問：「要如何分辨這個聲音是否是直覺呢？」其實，就跟〈旅程三〉分享的如何分辨小我及高我的聲音差不多。

　　直覺就如其名，是種很直接立即、想都沒想就立馬出現的感覺。明明沒有什麼證據，但內在就是有種確定感。就像是高我跟宇宙在跟你打包票：「就是它啦！」就連身體都可以誠實反映出這個聲音是否是直覺喔！

　　如果跟著內心的直覺走，身體通常會感到相對平靜跟自信；如果沒有跟著它走，身體可能會感覺到相對的緊繃或不舒服。但就是因為平時太習慣帶著恐懼、想太多而淹沒了直覺的聲音，導致我們常常會：「直覺？恐懼？傻傻分不清楚！」

　　可以問自己：**「這個聲音讓我感受到平靜還是壓力呢？」**或想像自己跟隨這個聲音行動的身體感受。如果行動後，發現自己身體很安心、放鬆、愉悅，那就是直覺的指引。可以透過靜心冥想將腦袋清空，身體自然會給你答案。

　　那如果你發現自己又開始想東想西時，請放心，直覺絕對

不會如此瞎忙。

　　前幾個月回洛杉磯的時候，我特別坐了半小時的 Uber，去一間在 UCLA 的咖啡廳，到了之後才發現它竟然沒有開！當時有兩個選擇：一個是對自己跟沒開的店生氣，或是接受已發生的事實，享受已經到達的目的地。我決定一個人在校園逛逛，拍了些照，想到 UCLA 曾經是我夢寐以求想上的學校，但好險沒有堅持一定要讀這一間，不然我也不會有今天。就在想完的這一刻，突然有個聲音跟我說：「妳一定要分享這個故事在限動，這會幫助到很多人。」我立馬跟隨這個聲音行動。沒想到，一發即爆！我得到前所未有的點閱跟超過上百則的回覆。我就知道剛剛那個聲音就是來自高我的聲音。

　　以前的我，常常會為了發限動而發，直到我發現那都是我跟隨恐懼的聲音所做的行動。因為當我這樣做的時候，感受到很多的焦慮跟不安，覺得如果沒有每天發限動，就會影響追蹤數，甚至覺得自己不是一個認真的創作者。但當跟隨直覺的聲音行動時，我發現根本不用像之前那樣過度努力！原來可以這麼容易就收到宇宙早已準備好的各種禮物。所以，學著放下你的恐懼，靜下心來，敞開心胸，讓你的直覺引導你吧！

高我　　　　　　　　　　　　高我

焦慮的狀態：　　　　　　　放鬆狀態：
阻擋高我的訊息　　　　　　輕鬆收到高我的訊息

關掉你的飛航模式

當你的能量是開放接受的,宇宙自然而然很好出貨給你。

記得嗎?吸引力法則就是什麼?什麼能量吸引什麼能量!

當你的能量釋放出「Anything is possible. 一切皆有可能」,你自然會吸引到無限的可能性;但如果你的能量釋放的是「No way. 不可能」,那你就會吸引到更多的不可能。**適時地覺察現在自己是接收模式,還是不小心開了飛航模式。**

接收模式:
平靜、放鬆、快樂

飛航模式:
焦慮、擔心、懷疑

模式	接收模式	飛航（抗拒）模式
情緒	平靜、信任、放鬆、喜悅、感激、興奮	焦慮、擔心、懷疑、緊張、挫折、恐懼
信念	一切皆有可能！	這根本不可能……
所說的話	・我相信一切都會在對的時機點出現。 ・我相信宇宙有最好的安排。 ・我選擇專注在好的事情上。 ・我好感激生命中所發生的一切。	・為什麼還沒有來？ ・怎麼可能這麼順利…… ・我是不是哪個步驟做錯了？ ・我是不是不配擁有我想要的？

　　檢查模式最簡單的方法，就是如果你最近對於任何的發生都感覺良好，那麼就是在接收模式；如果最近出現很多擔心、緊張，你很有可能已經開啟了飛航模式。

　　那要如何重啟接收模式呢？跟大家分享小魔女私藏的幾個小撇步！

1. 練習感激

　　每天醒來跟睡前，我都會想三樣今天感激的人事物，和他們／它們為我帶來的感受。

　　像是：

・好感謝今天睡得這麼好，讓我感到滿滿的活力。

‧好感謝有這麼支持我的伴侶，我感到好被愛。

‧好感謝我的工作，為我帶來滿滿的成就感。

2. 放下控制

當發現自己又開始在飛航模式，想要控制的時候，我就會安撫內心的阿焦。我是認真會把焦慮擬人化，然後跟她說：「Trust the process.」（相信一切的過程。）所有的發生都是對我們最好的發生，試圖控制無法控制的事只會本末倒置！我願意相信宇宙一定有最好的安排！

3. 放下矛盾

定時檢查內心的想法，是否跟顯化成功版本的你的想法相互矛盾？

像想要顯化一個理想的伴侶，但你的心中一直出現：「理想的伴侶根本不存在。」不斷重複出現的想法即是你的信念，你的信念會塑造你的現實。如果一直這樣想，就是在跟你的願望打架，你要它怎麼顯化啦？！

我們要讓自己對於願望感到興奮。並不是強逼自己去感到興奮哦！因為真正感到興奮跟逼自己的興奮，散發的能量完全不一樣。

一個是專注在願望的實現，感受自然的興奮與滿足，同時也相信它會實現；另一個則是專注在缺乏，強迫自己興奮，但內心卻充滿焦慮和懷疑。真正的興奮來自信任和自信，而強迫的興奮只會傳遞缺乏的能量。

保持自然的興奮感,真正去感受願望已經實現的美好,而不是焦慮地等待結果。當你內心充滿信任並與願望的頻率對齊,顯化就會自然地發生。

4. 不執著於結果

你的堅持很可能成為你的限制。我常常提醒自己,當初執著於渣男的結果是多麼慘不忍睹。後來,我學會放下對結果一定要怎麼樣的執著,因為我明白「**If not this, then something better.**」如果這個顯化沒有到來,那就代表一定有更好的在等著我!

還有,千萬不要把自我價值和顯化的成功與否綁在一起。比如,當還沒有顯化到那個對象時,你就決定「一定是我不夠好」。殊不知,宇宙其實是在幫你擋掉那些不適合的對象,並為最適合你的人騰出空間!

下次當你發現自己又開始因為顯化不成功而亂貶低自己的自我價值時,請停下來,提醒自己:「宇宙是在幫我騰出空間,讓更好的顯化出現!」

記住,當你的手緊握不放時,什麼都抓不住。只有當鬆開手,才有空間去接收更多、更好的東西。放下控制與執著,才能迎接宇宙為你準備的豐盛。

The Universe always has a better plan.
宇宙絕對有更好的計畫等著你。

旅程六

適時充電，調整能量

宇宙：「感恩的心，就是顯化成功的祕密武器！」

感激就是你的超能力！

我好感激！

如何知道自己是否在顯化正軌上

九粒也常常被問：「我這樣做顯化對嗎？」其實你可以透過自己的情緒來判斷。

正如亞伯拉罕・希克斯所說：「**Anytime you feel good, you've found vibrational alignment with who you are.**」（**每當感覺良好時，就代表你跟真實的自我同頻了。**）

也就是說，當你感覺良好，那就是一個明確的信號！情緒是最直接的指引，當感到開心、滿足、興奮時，就是宇宙在告訴你：「你正在朝著對的方向前進！」因此，不必懷疑是否「正確」，因為這種愉悅感本身就是最好的答案。

記得！千萬不要小看你的情緒！也不要去批判你的情緒！如果你有看《腦筋急轉彎》，你就知道每一個情緒的存在都有它的意義，它們在用自己的方式保護著我們。

因疫情回臺後，我決定好好經營自己的 YouTube 頻道。當時，我覺得唯一能做的主題就是教英文，所以成為了「九粒 Jolie：你的英文 Bestie」。一開始做得還不錯，我在 VoiceTube 和 Hahow 開了線上課程，甚至還被「葛瑞岡日記」邀請到誠品演講。但我發現自己越做越不快樂，越教越提不起勁……於是，我問了自己：「我能想像接下來的十年都在教英文嗎？」

心裡馬上傳來一聲吶喊：「HELL NO！我不要！」

那一刻，我彷彿鬆了一口氣：「阿彌陀佛～～」原來這不是憂鬱，而是內心最真實的自己在告訴我：「這不是我的路。」於是我決定徹底轉型。

當時，周圍的人都對我說：「你要轉型？轉型很難哦……」儘管有這些不看好的聲音，我完全沒有理會，因為他們不是九粒，只有九粒知道什麼才是能讓九粒快樂的事情。我問自己：「我現在做什麼事是最能讓我感到有動力和快樂的？」

答案很快地浮現出來——我看到了自己在寫音樂的畫面。於是，我採取了相信直覺的行動。結果，在我開始做音樂之後，追蹤數不但沒掉，還比以前漲得更快了！

如果現在的你，發現現在的處境讓自己越來越不快樂，請做幾次深呼吸，讓自己靜下心，問問自己：「**我能想像自己接下來的十年都在這裡（不管是工作、感情，還是其他狀況）嗎？**」

認真地去感受內心的聲音跟出現的情緒，就會收到正確的答案。不需要算命師給你指引，因為你才是決定自己命運的主人。如果需要轉變，那也不要害怕，這代表你準備開啟對自己更好的道路。

那麼該怎麼選擇這個道路呢？同樣地靜下心來問自己：「**現在做什麼事能讓我感到最有動力和快樂？**」

相信我，你的直覺絕對會讓你看到答案（請不要被自己的想太多蒙蔽住自己的可能性）。如果真的還不知道，也沒關係！就讓自己大膽地去探索吧！

用情緒指南針檢視你的能量頻率

想不想測一測你的顯化馬力有多強？

當想到你的顯化時，會感覺到什麼樣的能量？

高頻情緒＝你的顯化正在加速前進！

低頻情緒＝小心，顯化可能遇到障礙了！

感受不會騙人，它們會很直接地告訴你，渴望的事物是否正在靠近。如果想到顯化時，心中是充滿希望、喜悅、熱情、自信等高頻情緒，那麼恭喜，顯化正在朝你而來！但如果感到失望、沮喪、急躁、害怕等低頻情緒，那可能需要調整一下囉！

正如亞伯拉罕·希克斯所說：「**Your emotions are indicators of your vibrational frequency.**」（你的情緒反映了你的能量頻率。）亞伯拉罕也設計出情緒指南針幫助我們更好地覺察自己的能量狀態，進而加速顯化！

利用情緒指南針，調整頻率的步驟如下：

1. **覺察情緒**：感覺一下自己在哪一層情緒頻率裡。
2. **釋放思考**：選擇一個讓自己更舒服的想法（我現在想什麼可以讓自己更爽？How can I feel good now?）——這個步驟有時候會自然而然地透過抒發真實的感受發生，因為表達情感會讓你感到釋放。
3. **再次覺察**：感受這個想法是讓你的情緒頻率提升還是下降。

高頻率情緒

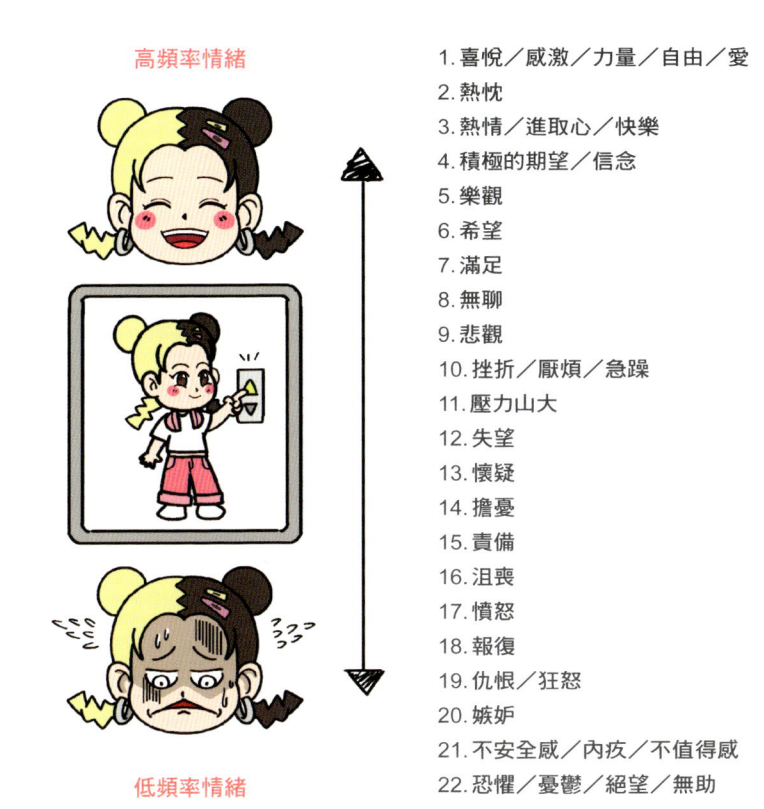

低頻率情緒

1. 喜悅／感激／力量／自由／愛
2. 熱忱
3. 熱情／進取心／快樂
4. 積極的期望／信念
5. 樂觀
6. 希望
7. 滿足
8. 無聊
9. 悲觀
10. 挫折／厭煩／急躁
11. 壓力山大
12. 失望
13. 懷疑
14. 擔憂
15. 責備
16. 沮喪
17. 憤怒
18. 報復
19. 仇恨／狂怒
20. 嫉妒
21. 不安全感／內疚／不值得感
22. 恐懼／憂鬱／絕望／無助

亞伯拉罕・希克斯的情緒指南針

（通常會在前三步驟來回一陣子，直到情緒提升為止）

4. **感激發生**：我可以從這件事情得到什麼學習及感激？

亞伯拉罕曾說過：「It's all about feeling good.」（人生的關鍵就是讓自己感到美好。）

千萬不要批判任何情緒，只須把它當作引導我們走向更舒服、快樂的指南針就好。別急著給情緒貼標籤，重點是要有意識地朝更積極的情緒前進。

下面就以跟另一半吵得轟轟烈烈為例，你可以用高我視角來問自己。

高我：「這個體驗讓你有什麼感受？」
　我：「我感到很絕望，想要放棄。」（覺察情緒）
　　　「我覺得價值觀這麼不一樣，乾脆分手算了！」（釋放思考）
＊這步驟是要跟自己對話，幫助自己釋放，而不是講氣話給別人聽的啊！

高我：「我能理解你的感受。感覺你很生氣，是嗎？」
　我：「對！我真的很生氣！他怎麼可以這樣想？」
＊這時情緒已從原本的絕望到憤怒，雖然還是相對低的能量，但比起絕望的能量，轉移到憤怒就是提升的好跡象！（再次覺察）

高我：「Tell me，你還有什麼其他的感受嗎？」
　我：「我其實感到很失望。」
＊這時我們的能量又再次提升了！從原本的生氣，升到了失望。（再次覺察）
我：「我根本不想分開……但每次吵架我都會擔心我們是不是不適合。」（釋放思考）

高我：「還有嗎？」

我：「我覺得真的很煩！吵架吵到好累⋯⋯甚至覺得為了這種事吵，很無聊。」（釋放思考）
＊有沒有發現這時已從剛剛的失望走到了更上面的無聊？
（再次覺察）

高我：「那你覺得宇宙安排這個挑戰，是希望我們學到什麼，和感激什麼呢？」
我：「可能是學習怎麼好好溝通，不要把逃避當成唯一的解決方式吧？」
「我也真的滿感謝男友這麼有耐心，溫柔地跟我表達他的想法跟感受。」（感激發生）
「其實這一點是讓我滿感受到被愛的。」
＊從原本的無聊上升到感激和愛。（再次覺察）

在這樣自我對話的過程中，你就有辦法有效地調整能量，也會發現你的情緒能量會跳來跳去，並不太會依照情緒指南針一層一層地走，這是非常正常的喔！也拜託不要強迫自己一定要馬上從絕望跳到喜悅，我們不是小丑，請不要這樣逼死自己！

如果發現自己一直卡在同樣的情緒能量裡，亞伯拉罕說：「**Distraction is the fastest way back into alignment.**」（**轉移注意力是回到平衡最快的方法。**）

你會發現，吵架的時候如果突然因為某件事笑了，你就滿難再回到原來的那個憤怒狀態，因為這個笑分散了注意力，平衡掉了原本的憤怒情緒。

這也是為什麼很多人說，分手後最好的療癒方法，就是去做能轉移注意力並帶來快樂的事情。請不要讓自己過度陷在情緒裡，適時做一些讓自己分心的事，不管是散步、運動、旅遊等，你就會發現原來自己才是情緒的主人！

不過，這個方式並不是要你逃避情緒喔！後面我會詳細說明面對情緒時可以做的三個步驟。

前面提到的高我問題，也很適合用來幫助親朋好友在困境中提升能量，但前提是他們已經準備好要這麼做。如果他們此刻需要的只是被聆聽，也要記得尊重他們的選擇。

透過自己的聲音，覺察情緒能量

自從接觸吸引力法則和顯化後，我開始認真檢視平時說出的話帶著什麼能量。透過這樣的覺察，了解當下的頻率，才能適時地做調整，讓自己更快進入顯化成功的時空頻道裡。

假如你剛經歷分手：

・我注定要孤單一輩子了吧……活著還有什麼意義？（絕望）

・一定是因為我不夠好他才會不要我……（自卑）

- 他怎麼可以在我生日的時候跟我分手？太過分了吧！（憤怒）
- 如果我再也找不到愛怎麼辦？（擔憂）
- 好煩！我為什麼要難過這麼久！（不耐煩）
- 最近好像一直在耍孤僻……好無聊哦，是不是該出去做點什麼？（無聊）
- 最近突然想要重新去跳舞，感覺跳舞能讓我重拾快樂和自信。（希望）
- 好開心我終於又開始跳舞了！（快樂）
- 好感謝自己願意重新開始跳舞。好感謝自己有健康的身體可以跳舞！也好感謝跳舞讓我的靈魂再次活起來！（感恩）

顯化小魔女任務：
練習透過自己的聲音，
覺察背後的情緒能量，並進行轉換！
例如當腦中出現「一定是我不夠好……」，
適時且不帶批判地意識到：「哦！我現在處在自卑的能量！」
且提醒自己：「我有能力轉換這份能量！」

如何轉換能量

請你一定要知道，要成為顯化小魔女／男並不是要你時時刻刻都正能量！如果這樣的話，還是人嗎？哈哈。人類最寶貴的地方，就是能夠體驗、覺察和修煉這些七情六欲啊！

當感覺自己能量低時，不要抗拒它！就像〈旅程三〉提到的，一旦你抗拒，就會能量便祕！你會發現，當願意承認自己的狀態時，能量和情緒才會開始流動。別再畏懼「不好的」情緒，我們太習慣急著批判自己，出現一些情緒就會馬上定義自己「不夠好」。我很喜歡恩師瑤華對於情緒的分享，她說：「**所有的情緒都是平等的，它們就像酸甜苦辣，讓生命更豐富。它們的出現也同時讓我們看見我們是如何體驗這個世界。**」她開玩笑地說：「不是說出現情緒就決定『一定是因為我不夠好』，這不就像是你吃到苦瓜就說『我就是衰』一樣荒唐嗎？」

根本不用去定義哪些情緒是好是壞，因為每個情緒都有它存在的意義！我們都可以透過它們的出現更貼近、了解自己。

能量／情緒轉化的三步驟

步驟 1：看見它

當感受到情緒的出現，先不要急著忽視或壓抑它。仔細去

感受，讓自己意識到它的存在。有點像是迎接一個老朋友，你要先看見他的到來。例：「嗨！阿焦！我看見你囉！」

步驟 2：接納它

清楚地看見這個情緒，不管是阿焦、怒怒還是憂憂，都不要抗拒它。接納這個感受想跟你說的話，允許它在心中流動，而不是試圖推開。接納就是釋放！例：「阿焦，我在這裡。你想要跟我說什麼呢？」你也會從中發現自己對於事件的看法和期待，進而更貼近自己。

接納不是說一句「我接納它」就真的接納了喔！接納是不帶任何批判跟抗拒，全然允許、接受它的存在。另一個需要注

意的是不要把自己定義成你的情緒，甚至把情緒的聲音當真，試著帶有覺察地抽離，就像是坐在船上觀察海浪的波動，不須隨波逐流，只需要觀察、理解、陪伴它，因為這些情緒的波浪都不等於你，我們比這些情緒還要多更多。記住，你才是自己的主人。

步驟3：謝謝它

溫柔地告訴它：「謝謝你的出現，謝謝你給我的訊息，也謝謝你讓我更了解自己的發生。」感謝它的到來，讓你更認識自己。

每個人的轉化時間都不同，如果做了以上練習，情緒還是在，那也沒關係！因為它一定有存在的意義，不需要急著趕走它。這時候，我會允許自己去做些其他的事情，轉移注意力。

畢竟，我們總不可能傻傻地一直盯著海浪看，啥事也不幹吧！別讓海浪亂了你的生活，去做一些讓自己快樂的事，不管是聽音樂、跳舞、運動、畫畫、煮菜等，這些都能幫助你更好地平衡你的情緒。這邊附上情緒療癒引導的音檔給你試試看！

療癒負面情緒冥想版　　療癒負面情緒Tapping版

Emotions are like waves. You can't stop them from coming,
but you can choose which ones to surf.
情緒就像海浪，你無法阻止它們出現，
但你可以選擇如何去面對。

旅程六　適時充電，調整能量　　227

提升顯化魔力的金手指

提升顯化能力最關鍵的要素就是——**不斷地自我覺察**。試著開始學會觀察自己每一個行動的背後,是出於恐懼還是愛?

你有沒有發現,我們很多時候的行動或不行動,往往是基於恐懼?就像我在經營自媒體時,就曾經為了追蹤數不停地逼自己拍片、發片。結果,讓自己陷入了瓶頸,開始感到倦怠,越來越沒有動力,甚至連靈感都停滯了。我心想:「奇怪!這明明是我熱愛的事,哪欸安捏?」後來才意識到,是因為這些行動的源頭都是恐懼,所以我的熱情與愛全都被它給淹沒了。

當你準備行動或選擇不行動時,先問問自己:**我的出發點是來自恐懼還是愛**?是為了證明自己,還是渴望認同?還是因為害怕失敗?這個選擇,真的來自我內心最真實的渴望嗎?

檢查能量是否對等

前面的旅程提到,當我們處在「好想要、好飢渴」的能量狀態時,你會不自覺地向宇宙散發出「我沒有這個東西」「我沒有它不行」的匱乏能量,這反而會把你想要的顯化推得越來越遠。那麼,我們要如何覺察自己是否處在這種飢渴匱乏的能量中

呢？

其實很簡單！你只要反過來想：假如今天有個人想要吸引你，他用百分之百的能量跟力氣，非常飢渴、窮追不捨地想要追到你，你會想要跟他在一起，還是逃跑處理？你應該會覺得：「欸……有點 Too much，先不要。」因為在能量上，你會感受到不對等，從而產生排斥感。

所以你可以想像自己是你想要的顯化，不管是金錢、愛情、工作，把它擬人化，而有人用你現在的能量想要得到你，感受一下，你是否會想要靠近那個人？

如果你的直覺反應是：「嗯……走開！」那你就知道，你們之間的能量不對等。

但如果你的直覺是很舒服且想要更靠近，那麼你們之間就是挺和諧的狀態。

還有一招是幫助我快速放下對於顯化的執著，就是把劇本反過來。不是我要去求財、求愛、求工作，我根本不用求！因為它們同時也想得到我！我會去看見我獨一無二的自我價值，心裡想著：「我這麼棒！要是他們看不見我的價值，那是他們的損失！最適合我的人事物，一定正在被我的能量吸引過來！」

這樣一來，就能幫助你調整自己，讓你的能量跟想要的東西保持在同一個頻率上。而當你處在能量同頻時，連追都不用追，它自然而然就會被你吸引過來。

記得，「I don't chase. I attract.」（我不追求，我吸引。）

當然，這樣的心態不是要我們變得自大，而是健康地認識到自己的價值，帶著自信但不過度追求。相信自己值得擁有好的事物，也同時保持開放的心態去接納宇宙的安排。

Everything I want wants me too.
我想要的一切也想要我。

斷捨離，騰出更多可能性

不知道你有沒有聽過「五人平均值理論」？這是美國商業哲學家吉姆・羅恩提出的，他認為：「你等於你最常相處的五個人。」正如古代名言所說：「近朱者赤，近墨者黑。」這也是孟母三遷的原因，因為她深知環境對孩子成長的重要性。

已經長大的我們，都有能力成為自己的「孟母」，為自己創造出更好的環境。

想像自己正浸泡在一個游泳池裡，感受水的溫度，周圍環繞著泳池中的人們。水象徵你的生活環境，水的溫度反映了情緒狀態，而泳池裡的人代表你生活中經常相處的人。

現在，靜下來問問自己：

你的泳池水（生活環境）乾淨嗎？它是清澈透明的，還是混濁模糊的？水的溫度（情緒）如何？是穩定舒適的，還是忽冷忽熱的？還是燙到都要把你煮熟了呢？圍繞在你身旁的人，他們讓你感到被支持和溫暖嗎？還是讓你感到不安？這些人是你的啦啦隊，還是你的絆腳石？

我們需要時刻保持覺察，檢查自己的泳池是否乾淨。成為自己的「孟母」代表我們有能力主動篩選對自己身心有益的人事物，並清理掉那些不再適合留在泳池裡的東西。這不僅是物質層面的斷捨離，也包括內在信念和人際關係。

我常開玩笑說：「如果你的家都堆滿了垃圾，宇宙公公要怎麼進來？」「如果你不斷捨離，宇宙公公又該把禮物放哪裡？」

那麼該如何斷捨離呢？這邊教你各方面的斷捨離方法。

物品斷捨離

清理周圍的空間，把所有東西分成四類：**保留、捐贈、二手賣出、丟掉**。如果你已經半年沒有用到某樣東西，問自己：「我真的還需要它嗎？」

我每次在進行物品斷捨離時，都會發現，真的是「舊的不去，新的不來」！清理掉不需要的東西後，總是會神奇地顯化新的事物進來。

例如，清理錢包就是個超棒的開始。把過期的發票、已經不需要的卡片清理掉，讓錢包變得更輕盈整潔。當錢包整潔有序後，金錢的流動就會變得更加順暢，因為你為錢財創造了更多進來的空間！

人際關係斷捨離

檢視身邊的人，學會適時地說「不」，設下保護自己能量的健康界限。你可以做一個人際關係斷捨離檢視表，像是這樣：

名字	角色	相處後的感受	能量狀況	界限調整
Cindy	摯友	被理解、支持、快樂	能量補給者	保持＋增加聯繫
多多	同事	經常感到壓力和焦慮	能量吸血鬼	減少接觸
技安	閨密	放鬆、開心、溫暖	能量補給者	保持＋增加聯繫
成子	家人	感到疲憊、被批評	能量吸血鬼	減少接觸

來試著寫寫看自己的吧：

名字	角色	相處後的感受	能量狀況	界限調整

信念斷捨離

你的信念＝你的世界。

在〈旅程三〉中，我分享了許多清理限制信念的方法，但總結來說，核心步驟就是：**覺察、挑戰、替換**。覺察隱藏的限制信念，挑戰這個信念的真實性，然後將其替換為幫助自己的信念，並且不斷練習。

斷捨離並不容易，畢竟即使這些人、事、物、信念對我們再怎麼不好，它們也成為了舒適圈，導致我們不願離開。但正是這些假象的安全感，才帶來了這麼多的不安與阻礙。如果你不願意放下，那就只好乖乖接受現況囉！

Growth only happens when you get outside of your comfort zone.
只有離開舒適圈，你才能真正成長。

舒適圈外才是成長的空間！不要畏懼斷捨離，有捨才有得！就像我要是沒有和那些不再適合我的前男友分手，也不會吸引到現在這麼棒的伴侶；要是沒有決定離開美國，也不會成為今天的顯化小魔女！

但我知道斷捨離沒有說的那麼簡單，所以這邊送給你幫助我斷捨離的金句：

・**放下也是種讓新事物進來的方式。騰出空間迎接新事物一定很困難，但絕對很值得！**
Letting go is also letting in. Making room for something new is always hard, but it's worth it.

・**命中注定的事一定會找到你，但如果一直緊抓著不屬於你的東西，它就無法到來。**
What's meant to be will always find a way, but it can't if you're holding onto what isn't.

・**如果無法控制它，就順其自然吧！為什麼要浪費精力去控制那些你無法掌控的事情呢？**
If you can't control it, let it be. Why waste your energy trying to control something you can't?

・如果想在天空飛翔，你需要離開大地。如果想前進，你需要放下拖累你的過去。

If you want to fly in the sky, you need to leave the earth. If you want to move forward, you need to let go of the past that drags you down.

・當你的能量與目標一致時，顯化才會發生，而不是當你過度執著於結果。

Manifestation happens when you align your energy, not when you cling to expectations.

調整能量魔法

自我疼惜魔法

分享一個我很愛的自我疼惜魔法。兩年前，因為朋友的推薦，我有幸參加了瑤華老師的薩提爾工作坊，我才開始真正懂得如何自我覺察與調整。這不僅僅適用於情緒處理，當自己遇到不如意的事情、期待落空，或開始自我批判和憎恨時，這個練習真的超級有幫助。

首先，要認知到，無論發生什麼事或出現什麼情緒，我們都有能力為自己負責，並且擁有選擇權，可以決定如何回應這些情況。接著，你可以選擇走上自我疼惜的旅程，簡稱 BAAAAA（源自《新生命花園》，麥基卓、黃煥祥著，張老師文化出版）。

【自我疼惜的步驟】

自我疼惜魔法

1. **呼吸（Breathing）：現在的我，可以選擇專注在呼吸上。**

透過專注在呼吸上，把快要漂向北方的思緒拉回來，慢下來，仔細地觀察及體驗內在的發生。

2. **覺察（Awareness）：現在的我，發生了什麼事？**

對於內外發生了什麼，做出覺察。可以問自己：

・我感受到哪些情緒？

・我的身體出現了什麼反應？

・我此刻出現了哪些想法？

・我是否有什麼期待或需求？

3. **承認（Acknowledgment）：現在的我，感受到⋯⋯**

向自己或他人承認現在的狀態。當你揭露、坦承自己的發生，你就能更加踏實地接納自己。

4. **接納（Acceptance）：我有能力接住自己。**

確實地接納所有的發生。好好地經驗這個發生。

你可以告訴自己：「我在這裡。我看見你了。我理解你，我很重視你，你不是一個人，我不會丟棄你，我們會一起經驗這一切。」尊重自己需要的時間，接受你所感受、表現、揭露的自己。每一個面向，都是自己的一部分。

5. **行動（Action）：現在的我，可以如何帶著剛剛的覺察，做出有意識的行動呢？**

帶著以上的覺知做出選擇並採取行動。

6. **欣賞（Appreciation）：我欣賞並感謝我自己⋯⋯**

不管在哪一個步驟,都可以回到這裡,欣賞並感謝這些發生幫助你更認識自己,更清楚知道自己需要什麼,以及欣賞並感謝決定帶著愛做出這些選擇的你是多麼地勇敢。

最後,我喜歡問自己:「**透過這一次的發生及覺察,我學習到什麼?**」

原始人感激魔法

　　常收到私訊跟我說：「九粒，我不知道要感激什麼。」我都會回答：「想像你的人生要是沒有什麼人事物，就會變得很辛苦？就是因為我們都太習慣把擁有的一切視為理所當然，導致很多人不知道到底有什麼好感激的。」

　　後來，我就想到一個神奇的方法，來幫助大家瞬間覺得感激。就是想像自己來自原始人的時空。為什麼呢？因為在原始人的時空裡，什麼都沒有。沒有床、沒有車、沒有電、沒有好多我們已經視為理所當然的便利。所以，當你不知道要感激什麼的時候，把自己當成一個原始人吧！這時候，你就會發現：「人生處處是驚喜，時時刻刻都值得感激。」

擬人化感激魔法

　　有時候，我們可能很難去感激物品的存在。因為在日常生活中，這些物品已經成為了我們的理所當然。所以，為了更好地練習感激，我會使用擬人化感激法：把物品想像成人類，幫助我們更好地看見它們帶來的禮物，這樣也可以不那麼尷尬地表達我們的感謝。

　　像是，想像你的錢是你的好朋友，他總是在你需要的時候，幫你買食物、買喜歡的衣服、買需要的東西、幫你付租金、讓你有地方住、繳學費、支持你的成長等各種付出，但你卻一直嫌棄他怎麼做都不夠，導致你跟這位名叫「Money」的朋友關係變得很不健康。也因為這樣，Money 就越來越不敢靠近你。

　　愛因斯坦曾說過：「Everything is energy.」（一切都是能量。）不要以為它們只是物品就沒有能量。正因為你們的關係能量低，吸引到的也會是同頻率的低能量，這就是為什麼你總是覺得你跟金錢的距離這麼遙遠的原因。

　　因此，透過感激，我們可以修復那些曾被視為理所當然的關係，提升你與物品之間的能量，讓彼此越來越靠近。自從我開始練習感激每一筆付出和收入後，我發現金錢不再像以前那麼遙不可及，甚至覺得它無所不在，來得也越來越快！

顯化小魔女任務：

從今天開始，把錢錢視為你的好朋友。每當它出現，不論是出去還是進來，都要練習用感恩的心對它說：「謝謝你！我愛你！」

‧如果是付錢時，可以說：「謝謝你讓我得到＿＿＿＿＿＿＿（買的物品／體驗／學習）。我知道你會加倍回到我身邊！」

‧如果是進帳時，可以說：「歡迎你來到我身邊！我會好好利用你，和你一起創造更多美好的體驗和機會！」

‧當你用感謝的態度對待所有人事物時，我保證你一定會看到生活中的蛻變和奇蹟！不信的話，你試試看！

相簿加油魔法

在手機裡建立不同感受的相簿,把所有會讓你感受到正面情緒的照片、影片都放進去,並根據那個感受為相簿命名。比如我會把所有讓我覺得自信的照片放在「I feel confident.」(我感到自信)的相簿裡。每當我失去自信時,我就會打開這個相簿,重新體驗自信的感覺,迅速回到那個能量狀態裡。

> 想一下顯化成功的你,會有什麼感受?
> 請寫在這裡:＿＿＿＿＿＿＿＿＿＿＿＿＿＿＿＿＿＿＿
>
> 接著,根據這些感受去創造不同的相簿。

假如顯化到夢想中的工作會讓你感到非常有成就感,你就可以創建一個「I feel like a boss ass bitch.」(我覺得自己超有能力)或「I feel accomplished.」(我感到非常有成就感!)的相簿。可以根據自己的喜好命名,接著把那些讓你感受到這些情緒的照片或影片放入相簿裡,就完成囉!

> **TIPS!** 要讓這個魔法發揮到極致的關鍵：每當在看相簿裡的內容時，都能真實地體驗到那個感受。也可以在準備做視覺化顯化冥想前，或是任何時候回到這個相簿來補充所需的能量。

54321 靜心法

如果突然感到壓力或焦慮爆棚，可以透過「54321 練習」來快速穩住自己，這個練習很簡單。

首先，進行幾次深呼吸，讓吸氣和呼氣的時間保持一致。你可以透過數數來幫助自己調整呼吸。例如使用箱式呼吸法：深吸 4 秒，屏氣 4 秒，吐氣 4 秒，再屏住 4 秒。當你準備好時，根

據此時此刻的場景,說出:你看到、摸到、聽到、聞到、嚐到的東西。我個人喜歡多一點描述,幫助我把注意力完全放在眼前的事物上。

例如:

「5」樣你視線所及,看到的東西:
- 我看見辦公桌上的粉紅色筆記本。
- 我看見銀色的項鍊。
- 我看見綠色的草地。
- 我看見白色的休旅車。
- 我看見紅色的紅綠燈。

「4」樣你摸到的東西,可以是透過手或身體接觸的物品:
- 我摸到硬硬滑滑的黑色鍵盤。
- 我摸到有點粗糙的藍色牛仔褲。
- 我摸到燙燙的銀色手機。
- 我摸到柔順的黑色頭髮。

「3」樣你聽到的東西:
- 我聽到車子經過的聲音。
- 我聽到打雷的聲音。
- 我聽到打字的聲音。

「2」樣你聞到的東西：

有時候，要聞到味道的確有點困難，因為環境中可能真的沒有什麼明顯的味道。如果是這樣，我會試著聞自己身上的味道，或是回想自己最喜歡的味道。

・我聞到頭髮上洗髮精的香味。
・我聞到今早噴的香水味。

「1」樣你嚐到的東西：

可以是口中的味道。如果感覺不到味道，可以試著想像自己最喜歡的食物的味道。

・我嚐到還存留在口中的咖啡味。

做完後，可以將手放在肚子上，再做幾次深呼吸。感受一下現在的狀態，如果需要就重複以上的步驟。這個 54321 練習真的拯救好多次被壓力、焦慮、想太多綁架的我，相信這個練習也可以幫助你有效地回到當下。

冥想魔法

我也會透過每日冥想來幫助自己快速調整頻率。很多人一聽到冥想就怕，但其實冥想並沒有你想的那麼困難。它只是一種靜心練習，讓我們學會不被腦海裡的每個想法和情緒牽著鼻子趴

趴走。透過專注於呼吸、不帶批判地觀察思緒，就像按下腦袋的重新整理按鍵，清空雜亂的思緒，重新聚焦，找回內心的平靜與力量。

如果你願意，我希望你能挑戰自己，每天固定一個時間，連續冥想 21 天。下方 QRcode 有幾個我錄製的冥想音檔給你參考。你也可以在 YouTube 或 Podcast 上搜尋最適合你狀態的引導冥想。

這些都是徹底改變我人生的冥想。相信你也能透過它，找回原本就屬於自己的無限力量。

478 呼吸法

七分鐘感激冥想

內在小孩冥想

顯化之路就像開車

最後，顯化真的沒有想像中這麼難，因為我們從出生以來就在顯化了！那個「難」，其實都是被自己嚇出來的！

顯化就像開車一樣。當你開車前往某個目的地時，會懷疑自己是否能抵達嗎？肯定不會，因為你完全相信自己能到達目的地。同時你也知道，通往目的地的路線不只一條！但如果你堅持只能走某一條路，且不願適時改變路線，那麼可能會錯過其他更快、更順利的途徑，甚至被困在原地，無法順利抵達目的地。在途中也會遇到紅燈、障礙、彎路或塞車，但你也不會因為這些暫時的阻礙就放棄前進，對吧？

顯化也是如此,當你設定了目標(願望),你同時也需要信任過程的每一步。就算途中出現了各種障礙(限制信念、無法掌控的發生),也不要讓這些東西阻礙你的前進!別因為這些發生而忘記自己才是握著方向盤的人!看到限制信念牆時,就找方法將它打掉。遇到無法掌控的情況,別慌,**專注在你能控制的東西上,也就是你的心態。**

如果在過程中一直想著:「我這樣開對嗎?」「我怎麼還沒有到?」這種懷疑、恐懼的能量,只會讓你更難到達目的地。而你的油量,就是你的能量。

再來，請你不要跟我說：「可是我的現實／過去這麼糟糕，我怎麼可能顯化到我想要的？」這很像你一邊開著車，一邊盯著腳下或是後視鏡，一邊擔心自己到不了終點。

這樣開車會升天吧！記得嗎？你專注的東西會擴大，請問你是想要擴大你的腳還是後視鏡？你的腳象徵了你的現實，後視鏡象徵了你的過去，如果你過於糾結它們的發生，就會被困在原地，永遠也到達不了你想去的地方。

一定要相信，每個人──沒錯，包括你！──都擁有無限的力量，可以到達自己想要的目的地。當對自己越有信心，並信任整個過程，就越能輕鬆地到達你想要的未來。

願我們都能發掘本來就隱藏在內心深處的顯化小魔女／男！

也希望你永遠記得：

我們與生俱來就是足夠好的存在跟獨一無二的奇蹟。

你比自己想像的還要更強大，

你也絕對值得擁有你渴望的所有美好！

別再讓過去定義你的未來啦！

學會為自己的人生負責。不改變，也是你的選擇。

如果不喜歡現在的處境，能夠拯救你的也就只有你自己。

好好地活出自己想要的人生吧！

致謝

媽媽：

謝謝妳從小就無條件支持我的夢想。更是謝謝妳這幾個月煮的蛋蛋稀飯，撫慰了我在寫書地獄的崩潰之心。我愛媽咪！

方智出版社：

老實說，我從來沒想過自己會出書，畢竟我對自己的文筆信心有限，結果你們居然比我還相信我自己！真是太有勇氣了！謝謝你們讓我圓了一個不敢想的美夢，真是死而無憾啦！

瑤華老師：

謝謝老師奇蹟般的存在！要是沒有你，我可能還在帶著我的笑臉面具，隱藏著我珍貴的資源，哈！

彼得：

我答應你。出書後，我就會乖乖「蛆」做家事啦～～（騙你的）

謝謝你陪我度過寫書地獄，陪我跑遍咖啡廳，還在我因為壓力大到崩潰大哭時忍住不笑，還給我滿滿的靈感、愛與溫暖。

馬哥：

感謝馬哥，在我因為完美主義，遲遲不敢下筆的時候，告訴我：「We all gotta start somewhere.」讓我瞬間有了前進的動力！

鱷魚：

相見恨晚的鱷魚叔叔！這本書要是沒有你，我就不出了！
謝謝你總是立馬 Get 到我想要的畫！ You da best!

小綠：

感謝小綠幫我跟鱷魚叔叔牽線！你絕對是被耽誤的事業月老！

好友們：

謝謝你們來到我的人生。
我真的不知道我上輩子到底做了什麼好事，才能遇見這麼棒的你們！

粒寶們：

粒的回饋與支持，都是我前進的動力！要是沒有你們的愛，我真的沒有現在。謝謝粒們！

你：

謝謝你願意看完這本書！有沒有感受到我五百萬顆的用心！！！（自己說）

希望這本書帶給你滿滿的收穫跟蛻變！

我愛大家！

也謝謝大家愛我！

www.booklife.com.tw　　　　　　　　　　　reader@mail.eurasian.com.tw

方智好讀 176

你的宇宙訂單已到貨！小魔女九粒的顯化養成指南

作　　者／九粒 Jolie
插　　畫／寂寞鱷魚
手帳設計／Room G Design Studio
發 行 人／簡志忠
出 版 者／方智出版社股份有限公司
地　　址／臺北市南京東路四段50號6樓之1
電　　話／（02）2579-6600‧2579-8800‧2570-3939
傳　　真／（02）2579-0338‧2577-3220‧2570-3636
副 社 長／陳秋月
副總編輯／賴良珠
主　　編／黃淑雲
專案企畫／尉遲佩文
責任編輯／林振宏
校　　對／林振宏‧黃淑雲
美術編輯／林雅錚
行銷企畫／陳禹伶‧蔡謹竹
印務統籌／劉鳳剛‧高榮祥
監　　印／高榮祥
排　　版／陳采淇
經 銷 商／叩應股份有限公司
郵撥帳號／18707239
法律顧問／圓神出版事業機構法律顧問　蕭雄淋律師
印　　刷／國碩有限公司

2025年1月　初版
2025年9月　7刷

定價 510 元　　ISBN 978-986-175-824-4　　版權所有‧翻印必究
◎本書如有缺頁、破損、裝訂錯誤，請寄回本公司調換　　Printed in Taiwan

「人生是自己的。想獲得什麼樣的成果,都是自己的責任。」
——《關鍵的1度》

◆ **很喜歡這本書,很想要分享**

圓神書活網線上提供團購優惠,
或洽讀者服務部 02-2579-6600。

◆ **美好生活的提案家,期待為您服務**

圓神書活網 www.Booklife.com.tw
非會員歡迎體驗優惠,會員獨享累計福利!

國家圖書館出版品預行編目資料

你的宇宙訂單已到貨!小魔女九粒的顯化養成指南／九粒(Jolie)著.
-- 初版. -- 臺北市:方智出版社股份有限公司,2025.01
256面;14.8×20.8公分. -- (方智好讀;176)
ISBN 978-986-175-824-4(平裝)

1.CST:靈修 2.CST:自我實現
192.1   113017332